EN DESLINIÈRES

Entretiens
Socialistes

Prix : 30 centimes

Franco par la Poste : 40 centimes

EN VENTE CHEZ L'AUTEUR

62, RUE SAINT-LAZARE

PARIS

LUCIEN DESLINIÈRES

Entretiens
Socialistes

EN VENTE CHEZ L'AUTEUR
62, RUE SAINT-LAZARE
PARIS

INTRODUCTION

J'ai, depuis quelques années, l'habitude de
passer l'été dans un charmant petit village
perdu au fond des bois, loin des grandes cités
bruyantes. Là mon esprit se retrempe dans
un calme profond, et mon organisme, fatigué
par l'existence enfiévrée que nous fait notre
étrange civilisation, retrouve des forces pour
dé nouvelles luttes.

Je suis entouré de braves gens, à l'esprit
simple, au cœur bon, avec lesquels il m'est
toujours agréable d'échanger quelques paroles
amicales. Je leur parle de questions qui les
touchent, et il est rare que je n'aie pas quelque
chose à retenir de leurs réponses. Chacun son
goût : je préfère leur conversation pleine de
faits, aux propos alambiqués et vides qu'on
tient dans les salons. Ils voient que je me
plais au milieu d'eux et me rendent largement
ma sympathie. Je suis devenu leur conseil, et

ils écoutent volontiers mes avis, toujours désintéressés.

Cette année, en venant m'installer, j'ai trouvé mes amis en grand émoi : la politique qui, jusqu'alors, n'avait pas paru les passionner beaucoup, était à l'ordre du jour ; pour la première fois le chef-lieu de leur arrondissement, grosse ville industrielle, avait élu une municipalité socialiste. Cet événement bouleversait toutes les cervelles. Les anciens rappelaient les partageux de 1848 et ne cachaient pas leurs inquiétudes. Les jeunes étaient enchantés, mais au fond ne comprenaient guère la portée de ce vote inattendu. Le plus grand nombre était perplexe. Bref, on attendait l'oracle, c'est-à-dire votre serviteur, pour éclaircir les idées de tous. Aussi dès que je fus arrivé, je me vis assailli d'une foule de questions se résumant toutes en ceci : « Qu'est-ce, au juste, que le socialisme ? »

— Mes bons amis, répondis-je, je ne demande pas mieux que de satisfaire votre curiosité ; mais je ne puis faire un cours en particulier à chacun de vous. Faisons mieux : les dimanches, après-midi, vous n'avez rien à faire ; venez chez moi ; nous nous assoirons sous ma tonnelle, et tout en vidant quelques bouteilles de mon petit vin de la côte, nous causerons socialisme tant que vous voudrez.

La proposition, cela va sans dire, fut acceptée à l'unanimité et rendez-vous fut pris pour le dimanche suivant.

J'ai résumé, dans ce petit livre, nos entretiens en conservant leur forme familière. Puissent-ils provoquer beaucoup de conversations du même genre et contribuer à instruire le peuple de ses véritables intérêts, car le jour où le peuple comprendra marquera la fi.. des oppressions et des misères dont il souffre depuis des siècles.

Décembre 1900.

PREMIER ENTRETIEN

—

Une transformation sociale est inévitable

Définitions : Socialisme. — Révolution sociale. — Collectivisme. — Baisse de l'intérêt des capitaux. — Effets meurtriers de la concentration capitaliste pour le petit commerce, la petite industrie, la petite culture. — Concentration finale entre les mains de la Nation au profit de tous.

— Mes chers amis, si j'ai bien compris votre pensée, vous êtes tous attachés au gouvernement républicain, qui donne la paix à la France depuis près de trente ans. Etant républicains, vous êtes des hommes de progrès. Vous savez qu'il y a beaucoup d'injustices dans la société actuelle et vous acceptez volontiers les mesures qu'on peut vous proposer pour les corriger, à la condition cependant qu'on ne porte atteinte ni aux biens ni aux personnes. C'est bien cela ?...

— Oui ! oui !

— Bon. Vous êtes donc socialistes s'il s'agit d'améliorer le sort des travailleurs ; mais vous n'êtes pas avec ceux qui prêchent la révolution sociale, parce que vous considérez ce mot *révolution* comme synonyme de bataille dans la rue, pillage, meurtre et incendie.

— Parfaitement.

— Il faut commencer par connaître la valeur exacte des mots pour ne pas s'en effrayer sans raison. Monsieur l'Instituteur, voulez-vous prendre ce petit dictionnaire Larousse et nous lire la définition du mot *révolution* ?

L'INSTITUTEUR, *lisant.* — *Révolution :* Se dit du changement qui arrive dans les choses du monde, dans les opinions et surtout dans le gouvernement des États.

— Vous voyez, mes amis, qu'il n'est pas question là-dedans de fusil, de guillotine, de pétrole et de dynamite. Révolution veut dire changement, et rien de plus. Quand on vous dit le contraire, on vous trompe pour vous éloigner de ceux qui défendent vos intérêts. Je vous affirme que les chefs du parti socialiste révolutionnaire ne veulent pas la guerre civile, et qu'ils ne comptent que sur la légalité, sur le suffrage universel, pour arriver à leurs fins.

UNE VOIX. — A ce compte-là nous sommes tous révolutionnaires, car nous voulons tous des changements dans ce qui existe. On nous fait beaucoup de promesses ; mais nous ne voyons rien venir... excepté nos feuilles d'impôts qu'on charge de plus en plus. La République est censé le gouvernement du petit peuple et nous constatons qu'on ne fait rien pour lui : toute l'influence, tous les honneurs, tous les avantages sont encore du côté des riches. *(approbation générale.)*

— Nous sommes en bonne voie pour nous mettre d'accord. Vous n'avez déjà plus peur des mots *socialisme, révolution sociale*. Il en est un troisième avec lequel il faut vous familiariser : c'est celui de *collectivisme*.

L'INSTITUTEUR. — Pour celui-là, ce sera peut-être plus difficile. Mettre les biens en commun est une idée dont l'absurdité me paraît évidente. Quand on travaille pour soi, on n'épargne pas sa peine ; mais du jour où il faudrait travailler pour la collectivité, chacun se fatiguerait le moins possible et la terre ne produirait presque plus rien. Ne peut-on être socialiste sans être collectiviste ?

— Non : ce sont deux termes différents qui désignent la même chose. Les socialistes de toutes les nuances, lorsqu'ils ont formé leur comité d'entente, ont été unanimes à inscrire en tête du programme commun la socialisation des moyens de production, c'est-à-dire la reprise par la Nation, ou par l'État, comme vous voudrez, de la terre, des bâtiments, de l'outillage, ou autrement dit le collectivisme. Je comprends fort bien que cette idée vous choque au premier abord ; moi, je suis resté longtemps sans en comprendre les avantages. Mais le tout est de s'expliquer et de chercher la vérité de bonne foi : on arrive toujours à la découvrir.

D'abord il ne faut pas croire que le socialisme soit un système artificiel, sorti de l'imagination d'un ou de plusieurs hommes ; que ceux-ci l'ont conçu tel qu'il est comme ils auraient pu le concevoir différemment, et qu'on pourrait bâtir de la même façon autant de systèmes qu'on voudrait. Non. Le socialisme se fait tout seul, par la force des choses, qu'on le veuille ou qu'on ne le veuille pas. Tout le monde y travaille sans s'en douter, même ses plus acharnés ennemis ; et ceux qui ont formulé ses lois ne les ont pas trouvées dans leur cervelle : ils ont ouvert les yeux et ils ont vu ce qui se passait autour d'eux. Ce qu'ils ont vu, vous le voyez vous-mêmes tous les jours ; mais ils ont eu le mérite de le comprendre les premiers et de l'expliquer. Vous allez le comprendre à votre tour, et vous serez étonnés de voir combien c'est facile. Voyons, monsieur l'Instituteur, vous devez savoir ce que rapportent net la rente sur l'Etat, les obligations de chemin de fer et toutes les valeurs sûres.

L'INSTITUTEUR. — Un peu moins de trois pour cent.

— Et la terre, combien rapporte-t-elle au propriétaire ?

L'INSTITUTEUR. — A peine autant.

— Combien rapportaient la rente, les valeurs et la terre, il y a cinquante ans ?

L'INSTITUTEUR. — Cinq pour cent.

— Ainsi, l'intérêt de l'argent et le revenu de la terre diminuent de plus en plus. Croyez-vous que la baisse s'arrêtera ?

L'INSTITUTEUR. — Il n'y a aucune raison pour qu'elle s'arrête.

— Vous avez raison ; elle ne s'arrêtera pas.

Le taux de l'intérêt tombera à deux pour cent, à un pour cent et à zéro. Ce n'est ni vous, ni moi, ni la Chambre, ni les ministres, ni personne qui font cette baisse ; on ne peut pas la faire, on ne peut pas l'empêcher. Or, qu'arrivera-t-il quand l'argent et la terre ne rapporteront plus rien ? Les propriétaires et les capitalistes seront bien forcés de manger à même le capital, et peu à peu leurs fortunes disparaîtront. Le capital n'existera plus. Mais croyez-vous qu'on ne trouvera pas moyen de se passer de lui ? Est-ce que le blé ne pousserait plus dans vos champs, père Antoine, si vous n'aviez plus à payer de fermages à votre propriétaire ?

LE PÈRE ANTOINE. — Il n'en pousserait que mieux, Monsieur ; car avec l'argent du fermage, j'achèterais plus d'engrais et un meilleur matériel.

— Eh bien ! les socialistes ne sont donc pas si fous quand ils proposent de supprimer le capital. Ils veulent avancer un peu la marche des événements et voilà tout. On peut les combattre, les persécuter, les déporter, leur couper le cou : les événements s'accompliront quand même. Mais passons à une autre question. Monsieur Martin, dites-nous un peu franchement si votre magasin de nouveautés marche comme vous le désirez.

M. MARTIN. — Il s'en faut de beaucoup, mon cher Monsieur.

— Et vous en connaissez sans doute la raison ?

M. Martin. — Si je la connais ! ah certes oui ! Je n'ai pas de concurrent ici parce que la localité est trop petite ; mais depuis l'invention des colis postaux, une partie de mes anciens clients ont pris l'habitude de faire leurs achats dans les grands magasins de Paris, au Louvre, au Bon Marché, etc. Certains autres, profitant des facilités que donnent les chemins de fer, vont dans les magasins de la ville. Là il s'est passé une drôle de chose. Presque toutes les anciennes maisons de nouveautés ont disparu ; celles qui restent ne font que végéter. À leur place il s'est installé un vaste bazar, monté par une société de Paris, et qui vend de tout : étoffes, vêtements, chaussures, coiffure, literie, ameublement, ustensiles de ménage, lingerie, parfumerie, etc. C'est aussi cher et pas meilleur que dans les anciens magasins. Mais ces gens dépensent tellement d'argent en réclames qu'ils attirent tout le monde chez eux. Il n'y a pas moyen de lutter ; ils accaparent tout le commerce. Moi j'ai conservé une petite clientèle de vieilles connaissances qui viennent chez moi pour me faire plaisir. Encore sont-ils de plus en plus exigeants, se plaignent-ils que je vends cher, que je n'ai pas un assortiment assez complet. Cependant j'ai deux fois plus de marchandises que jadis et j'ai réduit mon bénéfice. Heureusement pour moi que j'ai à peu près de quoi vivre, car je compte bientôt liquider et me retirer des affaires. Quant à trouver un acquéreur de mon fonds, je n'y songe pas.

— Diable ! le tableau n'est pas gai. Mais vous, père Crépin, vous devez être plus satisfait. On porte plus de souliers aujourd'hui que dans le temps ; vous n'abondez pas, sans doute, à les fabriquer ?

LE PÈRE CRÉPIN. — Mon métier est perdu, Monsieur. Comment voulez-vous que mon alène et mon tranchet puissent lutter avec l'outillage des grandes fabriques ? Ils découpent tout à l'emporte-pièce et par quantités, cousent et clouent à la machine et fabriquent 200 paires de chaussures avant que j'aie eu le temps d'en terminer une. Ajoutez qu'ils achètent leurs cuirs en gros à des conditions exceptionnelles, tandis que je l'ai de seconde main et qu'il me coûte 25 % plus cher. J'ai beau dire à mes clients que la confection n'est pas aussi solide que ce qui est fait à la main, ils savent bien le contraire et je gagne à peine de quoi manger du pain.

— Père Chanudet, vous allez nous dire si les tisserands réussissent mieux que les cordonniers ?

LE PÈRE CHANUDET. — Depuis longtemps, ma navette est immobile et les araignées seules tissent leur toile dans mon métier. Les ateliers mécaniques ont tué le travail à la main.

— Alors, ce sont les menuisiers qui font les meilleures affaires. Est-ce vrai, voisin Riflard ?

RIFLARD. — Hélas non, Monsieur! La machine nous tue aussi. Vous n'avez donc pas visité l'usine de la Société Anonyme des Bois de construction et d'ameublement, à trois lieues d'ici? C'est une installation magnifique. Il y a des scies à plusieurs lames pour débiter le bois, des étuves pour le sécher, des machines à découper le placage, à raboter, à mortaiser, à moulurer, que sais-je, moi? Le bois, entré en grume, en sort à l'état de portes, de croisées, de lames de parquet, sans qu'on ait le temps de s'en apercevoir. La main-d'œuvre ne coûte plus rien. Aussi, je ne fais guère que les réparations et la pose du travail.

— Décidément, les calicots, les cordonniers, les tisserands, les menuisiers sont peu débrouillards. Mais ce n'est pas sans raison que les meuniers ont de tout temps passé pour malins. Farinet, mon ami, avouez que vous faites de bonnes affaires.

FARINET. — Dans le temps, tous les blés du pays passaient sous mes meules. Aujourd'hui, les boulangers de la ville ne veulent plus de ma farine, qui est sûrement aussi bonne, mais un peu moins fine et un peu moins blanche que celle des grandes minoteries à cylindres. Je ne fais plus que quelques moutures à façon, juste de quoi ne pas mourir de faim.

— Je vois bien que ce n'est pas dans le commerce ni dans l'industrie qu'il faut chercher des gens contents de leur sort. Mais vous, Blaisot, de quoi auriez-vous à vous plaindre ? Vous êtes propriétaire ; vous cultivez vous-même vos héritages. Vous vivez tranquillement de votre travail. Si tout le monde était comme vous, on n'aurait plus rien à réclamer.

BLAISOT. — Vous croyez, Monsieur ? Eh bien ! je suis peut-être le plus malheureux de tous. Le titre de propriétaire, ça sonne bien ; mais quand on a comme moi quatre hectares et demi de terres médiocres et qu'il s'agit d'en arracher sa vie et celle de sa famille, il faut rudement peiner et rudement se priver. Ce qui m'exaspère, c'est qu'on a l'air de nous porter intérêt et de nous avantager énormément. Ainsi notre ancien député, dans sa tournée électorale, m'annonçait triomphalement qu'il avait voté le droit sur les blés. Je lui ai répondu : « Ça a dû faire bien plaisir au Monsieur du château, qui a tous les ans 40 à 50.000 boisseaux de blé à vendre. Mais moi qui n'en fais pas assez pour ma nourriture et celle des miens, j'aimerais mieux le pain à bon marché ». Moi et mes deux garçons aînés, nous nous tuons de travail pour labourer, bêcher, sarcler, moissonner, battre ; ma femme soigne les deux vaches, le cochon, la volaille, file, coud et tricote. Et quand nous avons vécu en mangeant de la viande trois ou quatre fois par an, du lard deux jours par semaine, des pommes de terre et des choux le reste du temps, c'est à peine si nous pouvons ramasser deux douzaines de louis de vingt francs chaque année. Là-dessus, après qu'on s'est acheté quelques vêtements et qu'on a passé chez le percepteur, il n'y a plus de quoi remplacer sa charrue quand elle est usée. Il est venu un jour un professeur d'agriculture qui m'a dit : « Mettez donc du phosphate ; vous doublerez votre récolte et retirerez bien au delà de ce supplément de dépense. » J'ai sacrifié les quelques écus qui me restaient pour faire cet essai et ça n'a rien donné du tout. On m'a dit : « C'est que le marchand de phosphate t'a volé ; adresse-toi à telle maison. » Sans me décourager, je tente encore la chance l'année suivante. Cette fois la récolte s'annonçait belle. Mais quinze jours avant la moisson, la grêle a tout ravagé. C'est à jeter le manche après la cognée, voyez-vous ! Si le travail allait bien à la ville, je vendrais ce que j'ai et j'irais m'y établir ; mais je sais que, dans les usines, il y a du chômage à chaque instant, et que les journées baissent de plus en plus. Mieux vaut encore rester ici. On vit misérablement, mais on vit. C'est égal, si c'est là la République des paysans, je demande autre chose.

— Savez-vous bien, Blaisot, que vous vous permettez de contredire entièrement MM. Méline, Deschanel et consorts ? Ces messieurs, qui doivent s'y connaître, affirment que la petite propriété est très prospère et qu'elle se développe constamment aux dépens de la grande qui disparaît de plus en plus.

BLAISOT. — Je ne sais pas où ces messieurs

ont pris ça. Moi, à six lieues à la ronde, je vois tous les petits propriétaires crever de faim et vendre leur terre plutôt que d'en acheter. Je connais des communes où trois ou quatre bourgeois possèdent toute la terre ; dans une autre un seul en possède les neuf dixièmes. M. Carayon, surnommé Carayon le riche, peut faire huit lieues sans sortir de ses propriétés sur une largeur d'un, deux ou trois kilomètres. Celui-là a pour principe de ne jamais faire de réparations ; ses métayers sont plus mal logés que mes vaches ; mais il achète un nouveau domaine tous les ans sur ses économies.

— Lequel de vous me dira, mes amis, ce que c'était que ces vieux bâtiments en ruines qu'on voit sur la route, près de la lisière de la forêt, à quinze cents mètres d'ici ?

Le père Antoine. — C'est une ancienne usine à fer, fondée, à ce qu'il paraît, le siècle dernier, à l'époque où on employait le bois au lieu de charbon pour fabriquer le fer doux.

— Y a-t-il longtemps qu'elle est fermée ?

Le père Antoine. — À peu près vingt cinq ans, monsieur. Il y avait trois autres usines semblables dans les environs ; chacune occupait une centaine d'ouvriers. Ça a fait beaucoup de tort au pays quand elles ont arrêté le travail.

L'Instituteur. — Il n'est pas étonnant que ces petites usines aient disparu. Elles sont remplacées par de bien plus grandes, munies de machines formidables et occupant des milliers d'ouvriers. J'en ai visité une et j'en suis resté stupéfait. Les fours Siemens fabriquent les meilleurs aciers bien au-dessous de ce que coûtait jadis le fer ordinaire. On remue là dedans des lingots de trente mille kilogrammes comme s'ils pesaient mille fois moins ; on les forge à la presse hydraulique qui, par simple pression, les écrase comme un enfant écrase une prune. L'avenir est aux vastes usines et aux puissants outils ; il n'y a plus de place pour les autres.

— Eh bien ! mes amis, récapitulons, si vous le voulez, tout ce que nous avons dit. Je ne vous ai pas conté d'histoires : je vous ai laissé parler tout le temps. Les faits que vous avez rapportés, vous en avez été témoins vous-mêmes et vous êtes bien sûrs de ne pas vous tromper, par conséquent. Or voici ce qu'il en résulte : dans le commerce, les petits bouti-quiers sont dépossédés par les grands maga-sins ; dans l'industrie, les petits ateliers cèdent la place aux grandes usines ; dans la culture, la grande propriété absorbe la petite. Ce n'est pas seulement dans votre commune que les choses se passent ainsi, c'est dans toute la France, c'est dans le monde entier. Plus on ira, plus la richesse se concentrera. Prenons une comparaison familière : si l'on met dans une boîte plusieurs taupes sans leur donner à manger, que se passe-t-il, père Antoine ?

Le père Antoine. — Elles se dévorent entre elles. A la fin, il n'en reste plus que deux et elles se battent jusqu'à ce que la plus forte mange la plus faible.

— C'est exactement le tableau de notre société. Les petits capitalistes sont mangés par les gros ; les gros se mangeront ensuite entre eux ; tant qu'il y en aura plusieurs, la guerre continuera ; ainsi le veut la loi de la concurrence. Il viendra donc un moment — si l'on n'y met bon ordre — où toute la terre, tout le commerce, toute l'industrie, tout l'argent d'un pays seront dans les mains d'un seul. Celui-là serait un roi plus absolu que les anciens monarques de l'Asie ; les autres hommes seraient des esclaves qu'il ferait travailler à son profit. Est-ce que vous croyez que le peuple s'accommoderait de ce régime ?

Tous. — Ah non, par exemple !

— Cependant nous y marchons, vous le voyez vous-mêmes. Ne croyez pas qu'on s'arrêtera en route ; ce n'est pas possible. L'évolution se fera jusqu'au bout si la société capitaliste n'est pas détruite avant : elle nous mène fatalement à la concentration de tous les moyens de production entre les mains d'un seul.

L'Instituteur, *vivement.* — J'ai compris : la concentration des moyens de production étant inévitable, les socialistes veulent la faire entre les mains de l'État pour le profit de tous, afin d'éviter qu'elle se fasse entre les mains d'un capitaliste, à son profit particulier. Je ne sais pas encore si c'est pratique ; mais l'idée est vraiment grandiose. Elle est de Karl Marx, n'est-ce pas ?

— De Karl Marx, en effet. Retenez bien ce nom-là, mes amis. C'est celui d'un bienfaiteur de l'humanité. Si nos enfants sont un jour affranchis des souffrances de la génération présente, c'est surtout à son génie qu'ils le devront. Je vous félicite, monsieur l'Instituteur, d'avoir deviné sa conclusion. Je crois inutile d'ajouter que Karl Marx n'a jamais pensé que le peuple aurait la patience d'attendre que tous les capitaux soient concentrés entre les mains d'un seul pour faire la révolution sociale. Quand le peuple comprendra la marche des événements, quand il sentira sa misère s'augmenter d'année en année pendant que les millionnaires deviendront milliardaires, il se rappellera qu'il est le maître et reprendra possession de son bien en mettant les usurpateurs à la porte.

Voilà, mes amis, le but du socialisme. Vous comprenez maintenant que son triomphe est certain, puisque tout le monde y pousse sans s'en douter et que les gros capitalistes, qui le combattent si violemment, sont ceux qui travaillent le plus pour lui. Mais votre curiosité n'est pas encore satisfaite. Vous vous dites : si l'Etat reprend tous les moyens de production, comment en tirera-t-il parti ? Saura-t-il faire une bonne organisation pour rendre tout le monde heureux ? Ne changerons-nous pas notre cheval borgne pour un aveugle ? Je répondrai à toutes vos questions ; mais en voilà assez pour aujourd'hui. Remettons, si vous le voulez bien, la suite à dimanche prochain.

L'Instituteur. — A dimanche, Monsieur. Et recevez nos remerciements sincères. Ce que vous nous dites nous intéresse tous au plus haut point.

—

Comment se fera l'expropriation des possédants

Supériorité de la production industrielle et agricole dirigée par l'État. — La terre aux paysans. — Suppression des impôts. — Le papier-monnaie. — Partage des produits. — Justification légale de l'expropriation. — Les possédants seront indemnisés.

— Mes amis, je vous ai expliqué dimanche dernier que nous marchions, bon gré, mal gré, au socialisme, et que nous y arriverons sûrement un jour. Je vais aujourd'hui vous apprendre avec un peu plus de détails comment le socialisme s'organisera pour mettre fin aux injustices et assurer le bonheur de tous.

Je vous ai dit que l'Etat reprendrait la terre, les bâtiments, l'outillage. Vous allez tout de suite comprendre qu'il en tirera bon parti. Vous avez entendu le père Crépin, qui est cordonnier, le père Chanudet qui est tisserand, Riflard qui est menuisier et Farinet, qui est meunier, vous dire qu'ils ne pouvaient pas lutter avec leurs outils imparfaits contre les grandes usines pourvues de machines puissantes. Nous avons fait ensemble une observation analogue pour les fonderies de fer. C'est la même chose en tout. Pour la culture aussi, car la petite charrue, la faucille et le fléau de notre ami Blaisot ne peuvent pas se mesurer avec la charrue à vapeur, la moissonneuse-lieuse et la machine à battre. Donc plus on travaille en grand, plus on obtient de produits sans se fatiguer davantage. Or, l'Etat travaillera plus en grand que tout ce qu'on a vu jusqu'à présent : il supprimera tous les petits ateliers, tout le travail à la main, et fera de grandes usines munies des machines les plus perfectionnées. C'est ça qui en abattra de la besogne ! Et au lieu de s'éreinter à manier leurs outils, les ouvriers n'auront plus qu'à surveiller les machines. En agriculture il emploiera, également, les machines dans tous les pays où le sol ne sera pas trop accidenté. Rien que par ces quelques mots vous voyez que l'idée du socialisme n'est pas si extravagante qu'on vous l'a dit ; le socialisme suit le progrès en industrie et en agriculture. L'Etat socialiste qui est riche puisqu'il possède tout, fait ce que le petit industriel, le petit cultivateur ne peuvent pas faire.

Le Père Crépin. — Mais, Monsieur, ce sont les machines qui retirent le pain à l'ouvrier. Quand il y en aura partout, la moitié des gens n'auront plus rien à faire et par conséquent ne gagneront plus leur vie.

— A moins, père Crépin, qu'au lieu de faire travailler la moitié du monde douze heures par jour, on ne fasse travailler tout le monde pendant six heures seulement. Jusqu'à présent quand on invente une machine permettant de fabriquer plus vite, les ouvriers n'ont qu'à y perdre : une partie d'entre eux est jetée sur le pavé, tandis que l'autre continue à travailler douze heures pleines. Pourquoi? Parce que les machines marchent au profit des patrons qui ont tout intérêt à diminuer les payes tout en fabriquant la même quantité de marchandises. Mais l'Etat n'est pas un patron. Il n'a pas de concurrent à combattre. C'est censé le gérant d'une vaste coopérative dont nous faisons tous partie. Il ne cherche pas, il ne peut pas chercher à gagner sur nous. Donc puisque les machines facilitent le travail, il diminue le nombre d'heures de la journée; mais il ne met personne à la porte. Comprenez-vous, père Crépin?

Le Père Crépin. — Très bien, Monsieur, si c'est comme vous le dites, ce sera rudement beau.

— Bien plus beau encore que vous ne le croyez. Ne vous effrayez pas, mes amis, quand je vous dis que l'Etat reprend tout, et ne croyez pas qu'il va faire du tort aux possédants actuels, gros et petits. Au contraire. S'il prend d'une main ce sera pour rendre davantage de l'autre. Vous, Blaisot, vous avez quatre hectares et demi de terre, avez-vous dit. Il vous en ajoutera huit à dix, et vous fera un joli petit domaine de douze à quinze hectares, sur lequel vous vivrez à l'aise en travaillant.

Blaisot. — Il sera à moi? Personne ne pourra me le prendre?

—Personne, à moins que vous ne le laissiez inculte.

Blaisot. — Oh! pour ça, il n'y a rien à craindre. Et après ma mort?

— Après votre mort, il reviendra à l'un de vos enfants, à votre choix, pourvu qu'il soit comme vous un cultivateur capable et courageux.

Blaisot. — Et mes autres enfants, ils n'auront donc pas leur part?

— Non, parce que si vous partagiez vos douze à quinze hectares entre vos trois enfants, chacun d'eux serait un pauvre diable comme vous, se tuant à la peine et vivant misérablement. Mais ne vous inquiétez pas pour eux. S'ils se font aussi cultivateurs, on donnera à chacun un domaine comme le vôtre.

Blaisot. — Et si je n'ai pas d'enfants?

— Alors votre domaine reviendra à l'Etat. Ça vous est égal, n'est-ce pas?

Blaisot. — Pour sûr! Mais je me réjouis trop vite. L'Etat ne me donnera pas tout ça pour rien; il me fera payer un loyer énorme?

— Pas un centime!

Blaisot. — Je comprends : ça ne s'appellera pas loyer; ça s'appellera impôts, du moment où c'est à l'Etat qu'on le payera.

— Tous les impôts, directs ou indirects, seront supprimés.

(*Mouvement de surprise incrédule dans l'auditoire.*)

Le Père Antoine. — Oh! Monsieur, vous allez trop loin, cette fois. Ce que vous dites là n'est pas possible. Qu'on parvienne à diminuer les impôts, à les faire payer par les riches au lieu de les laisser sur le dos des travailleurs, je le comprends; mais comment voulez-vous qu'on les supprime tout à fait? Avec quoi nourrira-t-on, habillera-t-on, armera-t-on nos soldats, entretiendra-t-on les chemins, etc.? Il faut de l'argent pour tout ça!...

— On ne nourrit pas les soldats avec de l'argent, père Antoine, mais avec du pain, de la viande et des légumes; on ne les habille pas avec de l'argent, mais avec de la laine et du coton filés, tissés et confectionnés; on n'entretient pas les chemins avec de l'argent, mais avec des journées d'ouvriers. Il en est de même de toutes les dépenses d'un pays. L'Etat actuel n'ayant ni nourriture, ni vêtements, il lui faut de l'argent pour en acheter; mais l'Etat socialiste aura tous les produits de la terre et de l'industrie à sa disposition. Il n'y aura pas besoin d'impôts. Je comprends bien que vous devez être étonnés; mais quand je vous aurai expliqué l'ensemble du système socialiste, vous verrez que ce que je vous dis est tout naturel. Vous aurez bien d'autres surprises; je vous en préviens; seulement elles seront toutes bonnes.

L'Instituteur. — Alors il n'y aura plus d'argent?

— L'or et l'argent seront dans les caisses de l'Etat et serviront à faire du commerce avec les puissances étrangères. Dans l'intérieur de la France, on aura des billets de banque.

M. MARTIN. — Ah ! voilà qui ne me va guère ! Moi, j'aime mieux des écus et des louis que du papier.

— Et pourquoi, monsieur Martin ?

M. MARTIN. — Parce que l'or et l'argent ont une valeur par eux-mêmes ; si on les fond ils ne perdent rien : on les accepte dans tous les pays. Tandis que le papier c'est toujours moins sûr.

— D'accord. Mais pourquoi tenez-vous tant à avoir de l'or et de l'argent ?

M. MARTIN. — Belle question ! Parce qu'avec eux on est sûr de pouvoir se procurer la nourriture, le vêtement, les meubles, les chevaux, les voitures, les objets de luxe qu'on désire.

— Mais si vous pouvez aussi sûrement vous procurer les mêmes objets sans argent ?

M. MARTIN. — Si j'en suis aussi sûr, bien entendu, ça m'est égal d'avoir de l'or ou du papier.

— Jugez-en. L'Etat aura de vastes magasins dans lesquels on trouvera tous les objets dont vous parlez, depuis les plus modestes jusqu'aux plus luxueux. Il y en aura une quantité immense, puisque je vous ai expliqué qu'en employant les machines partout, l'Etat produirait beaucoup plus qu'on ne produit maintenant. Donc on ne manquera jamais de rien; il y aura toujours plus de marchandises qu'il n'en faudra pour tout le monde réuni. Dans ces conditions si l'État vous paye en billets de banque et s'il les accepte en paiement à son tour quand vous allez acheter dans ses magasins, vous êtes bien sûr qu'avec vos billets de banque vous pourrez vous procurer les mêmes choses que si vous aviez de l'or à la place.

M. MARTIN. — Je comprends ; c'est très juste. Cependant je ne voudrais pas qu'on me force à remettre mon or au gouvernement. Il est à moi, après tout.

— On ne forcera personne, monsieur Martin. On laissera tout le monde libre. Ceux qui voudront changer leur or et leur argent pour des billets, on leur donnera un petit bénéfice ; ceux qui préféreront les garder les garderont. On les recevra dans les magasins comme les billets de banque.

L'INSTITUTEUR. — Mais il n'y a pas de billets de banque de moins de 50 francs ; comment fera-t-on pour payer les petites sommes ?

— On fera des billets de 20 francs, de 10 francs et de 5 francs, comme après la guerre. Au-dessous de 5 francs il y aura des pièces de 2 francs, de 1 franc et de 50 centimes en aluminium et des sous.

L'INSTITUTEUR.—Vous ne craignez pas qu'il n'y ait beaucoup de faux monnayeurs ?

— La contrefaçon sera à peu près impossible. Aujourd'hui, les faux billets et les fausses pièces circulent de main en main et on ne sait pas d'où elles sortent, tandis que les faux monnayeurs ne pourront les faire passer que dans les caisses de l'Etat, et ils seront pincés tout de suite.

L'INSTITUTEUR. — Vous venez de nous dire que l'Etat payerait en billets de banque ? C'est donc lui qui payera les salaires de tous les travailleurs ? Je voudrais bien savoir sur quelle base ces salaires seront établis. J'ai entendu dire que le salaire serait le même pour tous.

— En aucune façon. Pour que chacun travaille avec courage, il faut qu'il sache que ses services seront récompensés et que, plus il apportera d'efforts et d'intelligence, plus son salaire sera élevé. Voici comment tout cela sera organisé :

D'un côté, il y aura les cultivateurs possesseurs d'un lot. Ceux-là ne recevront pas de salaire ; ils vendront à l'Etat leur blé, leurs bestiaux, leur vin, enfin tout ce qu'ils produiront. L'Etat le leur paiera un très bon prix. Ils vivront avec cela, et largement, je vous en réponds.

En dehors des cultivateurs, tout le monde sera salarié. Il y aura d'abord les manœuvres ou journaliers de 3ᵉ classe qui n'ont pas appris de métier ; ils toucheront un salaire modeste, mais suffisant pour leur donner en abondance du pain, de la viande, du vin et des vêtements. S'ils travaillent bien, on les nommera de

2ᵉ classe, puis do 1ʳᵉ classe, et à chaque élévation de classe, ils auront une élévation de salaire.

Au-dessus des journaliers, il y aura les ouvriers et les employés qui gagneront un peu plus. Ils seront également divisés en trois classes ; l'ouvrier ou employé de 3ᵉ classe gagnera un peu plus que le journalier de 1ʳᵉ classe. Au-dessus des ouvriers, il y aura les contre-maîtres, au-dessus des contre-maîtres les ingénieurs et directeurs. Le plus modeste journalier pourra devenir ingénieur, directeur, ministre. Je vous expliquerai cela quand nous parlerons de l'instruction. Chaque fois qu'un homme atteindra un grade supérieur, son traitement sera augmenté ; de sorte que le travail et la bonne volonté ne resteront jamais sans récompense.

L'INSTITUTEUR. — Tout cela est fort juste, assurément. Je voudrais vous adresser une autre question. Vous nous avez dit que l'Etat reprendrait la terre, les bâtiments et l'outillage. Est-ce qu'il donnera une indemnité aux propriétaires actuels ? S'il n'en donne pas, cela me paraît une grosse injustice, je dirais presque un vol. S'il en donne une et qu'elle soit raisonnable, ce sera une charge bien lourde pour la nouvelle société.

— Votre question est intéressante et vient à point. Je vais y répondre. Et d'abord l'Etat a-t-il le droit de prendre la terre, les bâtiments et l'outillage à ceux qui les possèdent ?

Je vais vous prouver qu'il l'a, d'après la législation actuelle elle-même, d'après le code civil, dont l'article 545 est ainsi conçu :

« Nul ne peut être contraint à céder sa « propriété, si ce n'est pour cause d'utilité « publique, et moyennant une juste et préala- « ble indemnité ».

C'est en vertu de cet article que l'Etat s'empare des terrains dont il a besoin pour faire les routes, les bâtiments publics, etc. Que ça plaise aux propriétaires ou non, ils n'ont rien à dire : *l'utilité publique* l'exige. On les met à la porte de chez eux en leur payant une indemnité. Vous avez vu cela bien des fois. Or, s'il y a *utilité publique* à faire un chemin de fer, une route, une école, un marché, une caserne, n'y a-t-il pas *utilité publique* encore bien plus grande à donner à manger à ceux qui ont faim ? Est-ce qu'un homme n'a pas le droit de vivre, voyons ? Peut-on admettre qu'un Rothschild ait deux ou trois cent mille francs par jour à dépenser, quand des vieillards, des orphelins manquent des quelques sous nécessaires pour acheter du pain ? L'Etat socialiste dit donc aux propriétaires : « Vous n'avez pas su faire dans votre société la part des pauvres. Si nous vous laissons vos biens, les pauvres continueront à mourir de faim. Nous allons vous reprendre vos biens, dont vous n'avez pas su ou pas voulu faire un usage équitable, et avec lesquels le socialisme plus juste, plus intelligent que vous, saura donner à tous de quoi satisfaire leurs besoins. *Nous vous exproprions pour cause d'utilité publique.* »

Vous le voyez, mes amis, c'est dans la loi actuelle que nous trouvons le droit d'exproprier les possédants. Mais la loi ajoute qu'on ne peut exproprier personne sans lui accorder une juste indemnité. Eh bien ! nous accorderons aux expropriés une large indemnité dont aucun ne pourra se plaindre : nous leur servirons, pendant toute leur vie, l'intérêt de leur fortune à un bon taux ; après leur mort, leurs enfants toucheront la même pension. Mais après la mort des enfants, la pension s'éteindra, car on ne peut entretenir des générations de privilégiés. Remarquez que les petits-enfants des riches et leurs descendants vivront dans une société où ils ne manqueront de rien, s'ils veulent se donner la peine de gagner leur vie.

Ainsi, vous comprenez bien : voici, par exemple, le Monsieur du château qui possède environ 2.500 hectares dans le pays et en tire environ 150.000 francs de rente. On prend son bien et on lui paye ses 150.000 francs de rente. De cette façon, il n'a plus à craindre que ses fermages ne rentrent pas dans les mauvaises années. Croyez-vous qu'il soit bien malheureux ? Et avec ses belles terres, on fait des lots de 12 à 15 hectares pour donner à ceux qui sont à même de les cultiver. Ne trouvez-vous pas qu'elles seront dans de meilleures mains ?

Tous. — Ah ! bien sûr !

— De même pour le commerce, pour l'industrie. On dit à un commerçant, à un patron : Faites votre inventaire ; comptez, d'un côté, tout ce que vous possédez, de l'autre tout ce que vous devez. Vous possédez 300.000 francs. Vous en devez 100.000. Il vous reste donc 200.000 francs nets. Nous vous donnons la rente de ces 200.000 francs.

De même pour ceux qui ont des valeurs, rentes sur l'État, obligations de chemins de fer, etc. On prend leurs titres et on leur sert la rente du capital.

Est-ce clair ? est-ce juste ? qu'en dites-vous ?

L'INSTITUTEUR. — Certainement les expropriés n'auront rien à dire. Mais j'en reviens à ce que je disais : le service de toutes ces rentes va peser bien lourdement sur les finances de l'État socialiste.

— D'abord, en régime socialiste, il n'y a pas de finances, pas de budgets, puisqu'il n'y a plus d'impôts, comme je vous l'ai expliqué. On ne se préoccupe que d'une chose : la quantité des objets utiles à la vie.

Ainsi on se dira : en France, il y a 38 millions d'habitants. Il faut pour leur consommation par an :

Tant de quintaux de blé,
Tant de quintaux de viande,
Tant d'hectolitres de vin,
Tant de mètres de toile,

Tant de mètres de drap,

Tant de meubles, d'ustensiles divers, etc.

Les calculs sont faciles à faire. On sait déjà ce qu'il nous faut par an, depuis les objets de première nécessité, comme le pain, jusqu'aux objets de grand luxe comme les tableaux, les meubles rares, les chevaux, les voitures, etc.

Alors, sachant ce qu'il faut pour satisfaire les besoins des pauvres et ceux des riches, l'Etat s'occupe de le faire fabriquer. Je vous ai dit que ça lui sera facile, puisqu'il fera tout en grand, avec des machines perfectionnées. On regorgera donc de tous les objets qui sont déjà fabriqués actuellement. Le Monsieur du château a en ce moment 150.000 francs de rente qu'il dépense en nourriture, vêtements, objets de luxe. Il continuera à avoir ces 150.000 francs et les dépensera de la même façon, en achetant les mêmes objets qu'il trouvera dans les magasins de l'Etat. De même pour tous les rentiers. Dans l'ensemble, ils auront les mêmes rentes que maintenant et les dépenseront de la même façon. Il n'y aura donc rien de changé, et l'Etat socialiste ne sera pas gêné du tout par l'indemnité qu'ils auront reçue. Je vous ai dit qu'on leur servirait leurs rentes en papier-monnaie. Ce n'est pas le papier qui manquera, n'est-ce pas? Ce ne sont pas non plus les marchandises qu'ils achèteront avec ce papier. Rien ne manquera donc. Vous me direz: « Mais tous ces gens-là vivront sans rien faire. » Eh bien ! et maintenant, est-ce qu'ils travaillent ? est-ce qu'ils produisent le pain qu'ils mangent, les vêtements dont ils se couvrent ? Oisifs ils étaient, oisifs ils resteront. Demain comme aujourd'hui, c'est l'ouvrier qui peinera pour les nourrir. Mais comme je vous l'expliquerai plus loin, avec la bonne organisation du travail, ça ne sera pas une lourde charge pour les travailleurs de donner la pâtée à ces parasites. D'ailleurs, ça ne durera pas longtemps. Dans vingt ans, il y en aura la moitié de morts ; dans un demi-siècle, il n'en restera à peu près plus. Ainsi disparaîtra le dernier vestige des privilèges de la fortune qui, pendant de longs siècles, ont causé la misère de l'humanité.

A dimanche prochain, mes amis.

TROISIÈME ENTRETIEN

Forces perdues par la société capitaliste

OISIFS ET INUTILES. — PROPRIÉTAIRES ET RENTIERS. — BANQUIERS ET HOMMES D'AFFAIRES. — L'ARMÉE. — LE CLERGÉ. — LES FONCTIONNAIRES. — CAFETIERS, HOTELIERS, DÉBITANTS. — PETIT COMMERCE. — POLICE ET GENDARMERIE. — LE SOCIALISME ASSURE UNE SITUATION ÉQUIVALENTE A TOUS CEUX DONT LES EMPLOIS OU FONCTIONS SERONT SUPPRIMÉS. — CHOMAGE INDUSTRIEL ET AGRICOLE. — DOMESTIQUES. — POPULATION IRRÉGULIÈRE. — 40 POUR 100 DE DÉCHET SOCIAL ! — LE SOCIALISME UTILISERA TOUTES LES FORCES PRODUCTIVES.

— Monsieur l'Instituteur, voulez-vous prendre un morceau de papier et un crayon ; nous allons aujourd'hui faire quelques chiffres. Mes amis, je vous ai dit que l'Etat socialiste fabriquerait beaucoup plus d'objets utiles qu'on n'en produit aujourd'hui parce qu'il supprimerait le travail à la main et ferait tout en grand avec des machines perfectionnées. Vous avez compris quelle supériorité cette manière de travailler lui donnerait. Mais cette supériorité n'est pas la seule. Une autre raison pour laquelle l'Etat socialiste produira beaucoup plus que la société actuelle, c'est que cette société contient un grand nombre d'inutiles, un nombre fabuleux, comme vous allez le voir tout à l'heure. Ces inutiles ne sont pas seulement les oisifs comme vous pourriez le croire. Ce sont surtout des gens qui travaillent, qui travaillent même parfois beaucoup, mais dont le travail ne produit rien et qui doivent par conséquent vivre sur le travail d'autrui. Or, ces inutiles, le socialisme les supprimera; il en fera des utiles. Au lieu d'être des parasites ils deviendront des producteurs.

Savez-vous combien il y en a?... Mais vous connaîtrez le chiffre total dans un moment. Nous allons le calculer ensemble. Voici un tableau imprimé par les soins du ministère, certifié exact par lui; les chiffres qui y sont portés sont donc officiels. C'est le recensement de la population en 1891. Je ne lirai que par mille; je ne compterai pas les centaines ni les unités pour que vous saisissiez mieux les nombres.

Les plus inutiles de tous sont naturellement ceux qui ne font rien du tout : les rentiers qui n'ont qu'à toucher leurs coupons et les propriétaires qui n'ont qu'à toucher leurs fermages. Il y en a 403.000. Ecrivez, monsieur l'Instituteur. Vous avez bien compris, mes amis, qu'au début du régime socialiste on laissera oisifs, en leur servant des rentes, les propriétaires et rentiers actuels, parce qu'ils n'ont pas l'habitude de travailler et ne seraient bons à rien; d'ailleurs, ils ont droit à une indemnité pour ce qu'on leur a pris. Mais, quand eux et leurs enfants seront morts, tout le monde travaillera. Ça fera donc 403.000 travailleurs de plus. Ce n'est que le commencement.

Passons maintenant aux banquiers, agents de change, gens de bourse et à leur personnel. Il y en a 42.000. Les banquiers servent aujourd'hui à escompter les billets de commerce ; mais comme il n'y aura plus de commerçants, ils n'auront plus rien à faire. Quant aux gens de bourse, ils sont censé servir d'intermédiaires pour l'achat et la vente des valeurs, rentes, actions ou obligations. En réalité, ils passent leur temps à d'affreux tripotages, à des opérations fictives, dans lesquelles les malins font leur sac aux dépens des imbéciles. Mais comme il n'y aura plus d'actions ni d'obligations, du moment où l'État aura toutes les affaires entre les mains, tous ces gens-là seront supprimés. Écrivez 42.000, monsieur l'Instituteur.

Il y a encore 9.000 avocats et agréés, 43.000 notaires, avoués, huissiers et 9.000 agents d'affaires. Dans la société actuelle, il est difficile de s'en passer, car du moment où la propriété est divisée et où il y a des commerçants, il y a des procès. Mais, quand tout sera à l'État, il n'y aura plus de procès relatifs ni aux propriétés ni au commerce, il n'y en aura que pour les questions personnelles c'est-à-dire très peu. De plus, personne ne fera de dettes, car chacun aura toujours assez d'argent pour ses besoins, et s'il lui en manque l'État lui en prêtera. Il n'y aura donc plus de poursuites, plus de saisies, plus d'expropriations ! Quel bon temps, mes amis !... Comme on n'aura plus que quelques lois très simples, comme on supprimera le papier timbré, il n'y aura plus besoin d'assignations, de significations, de commandements. Si un homme a une difficulté avec un autre, tous deux iront devant le juge, expliqueront eux-mêmes leur cas et le juge tranchera de suite, le tout sans frais. Ça fait donc 61.000 inutiles à supprimer; monsieur l'Instituteur, prenez note.

Nous avons 472.000 soldats et 42.000 marins. Ah ! ceux-là ne sont pas des inutiles ! Saluons-les avec respect ; ce sont les défenseurs de la patrie. C'est grâce à leur vaillance que nous restons des Français libres au milieu des puissances ennemies qui voudraient nous asservir. Mais quand le socialisme aura triomphé en France, il ne tardera pas également à triompher à l'étranger, et au lieu de se battre, les nations socialistes se tendront la main. On rasera les fortifications, on licenciera les armées et ces 500.000 jeunes gens, solides, bien portants, l'élite et la force vive de la France s'emploieront dans l'agriculture et l'industrie, au lieu d'apprendre à tuer leurs semblables.

Tous. — Bravo ! Bravo !

— Passons maintenant au clergé. Il y a en France 50.000 curés, vicaires, chanoines, évêques etc., sans compter les moines... Et des moines, il y en a 93.000 !... Voyons, mes amis, nous allons faire notre examen de conscience; vous me répondrez franchement. Moi d'abord, je vous dirai que je ne vais jamais à l'église et que je n'ai rien de commun avec le clergé. Et vous, père Antoine ?

LE PÈRE ANTOINE. — Moi, Monsieur, je suis bien forcé d'aller à la messe; sans quoi mon propriétaire me donnerait congé et je ne trouverais plus de ferme dans le pays.

— Mais si vous n'y étiez pas forcé ?

LE PÈRE ANTOINE. — Ah ! dame ! je pense que le curé ne me verrait pas souvent.

— Et vous, père Crépin ?

LE PÈRE CRÉPIN. — Monsieur, je suis comme tous les petits commerçants et ouvriers de la commune : le tailleur, l'épicier, le maréchal, le charron, le menuisier, etc... notre plus gros client, c'est le château. Nous sommes déjà bien malheureux; s'il nous retirait sa pratique, nous mourrions tout à fait de faim. Or, si le curé disait au château que nous n'allons jamais à la messe, notre compte serait bientôt réglé.

— Et vous, Blaisot, vous êtes indépendant. Le château ne peut rien contre vous ?

BLAISOT. — C'est vrai, Monsieur, en apparence. Mais, au fond, je serais bien imprudent de me mettre mal avec la cure et le château, qui ne font qu'un. Voyez-vous, on a beau être en République, il n'y a encore que les curés et les riches pour avoir de l'influence. S'ils vous protègent, on obtient tout ce qu'on veut; s'ils vous combattent, on n'arrive à rien. J'ai mon voisin Étienne qui s'est saigné aux quatre veines pour envoyer son fils au lycée. Le petit est reçu bachelier; mais il reste à la charge de son père, faute de trouver un emploi. Étienne est un brave homme, anticlérical avéré. Il s'est adressé au sous-préfet, au conseiller général, au député; tous lui ont donné de bonnes paroles... et il attend toujours sous l'orme... Voyez au contraire ce vieux sournois de François. Il a tous les vices possibles; mais il flatte le curé, va à la messe tous les dimanches et mange le bon Dieu cinq ou six fois par an. Son fils a été élevé pour rien au petit séminaire; il est aujourd'hui régisseur du marquis de N... et gagne tout ce qu'il veut. Moi, je vous l'avoue, j'ai des enfants, je suis forcé d'aller à la messe de temps en temps pour ne pas me faire remarquer.

— Monsieur l'Instituteur, vous avez exercé vos fonctions dans plusieurs communes; vous avez vécu au milieu des populations des campagnes et vous devez connaître leurs véritables sentiments. Avez-vous souvent rencontré des croyants sincères, aimant la religion pour elle-même et non par intérêt ?

L'INSTITUTEUR. — J'en ai rencontré quelques-uns parmi les vieux. Dans la jeunesse, je n'en connais pas. J'estime que, sur cinquante personnes qui vont à la messe, il y a à peine un convaincu.

— Vous avez raison; c'est le maximum. La vérité c'est que la foi est morte; on ne va à la messe que par habitude ou par intérêt. Dans vingt ou trente ans, lorsque tous les vieillards auront disparu et qu'il ne restera que la jeune génération, il n'y aura plus de vrais croyants. A ce moment, grâce au régime socialiste, personne n'aura besoin de la protection des curés, ils n'auront plus aucune influence et personne n'ira plus chez eux.

Remarquez que le socialisme ne fera rien contre les curés; il leur laissera la liberté complète. Ce sont les fidèles qui manqueront. Il n'y aura donc plus besoin de curés. Quant aux moines, quand on aura socialisé leurs biens et qu'ils ne pourront plus fabriquer leurs liqueurs, leurs remèdes contre le mal de dents, leur chocolat, etc., ils disparaîtront naturellement sans qu'on ait à s'inquiéter d'eux. Ajoutez donc, monsieur l'Instituteur, aux inutiles qui disparaîtront, 50.000 curés, 93,000 moines et ajoutez-y 3.000 pasteurs protestants, rabbins juifs, etc.

Passons aux fonctionnaires...

M. Martin. — Mais, Monsieur, vous ne voulez pas supprimer les fonctionnaires, je suppose? J'ai lu dans mon journal, au contraire, que sous le socialisme il y aurait beaucoup plus de fonctionnaires qu'à présent; et ça se comprend, si c'est l'Etat qui dirige tout lui-même.

— Expliquons-nous, monsieur Martin, il y a fonctionnaires et fonctionnaires, comme il y a fagots et fagots.

Le socialisme supprimera les percepteurs, les receveurs d'octroi, les douaniers, les employés des contributions indirectes, les receveurs d'enregistrement, les conservateurs d'hypothèques, les sous-préfets, etc., etc., c'est-à-dire la plus grande partie des fonctionnaires. .Il y en a 240.000, fonctionnaires ou employés de l'Etat, des départements ou des communes. Ces fonctionnaires-là ne seraient d'aucune utilité à l'Etat socialiste. Il y aura pour les remplacer des ingénieurs chargés de diriger l'industrie, les chemins de fer, les bâtiments, des directeurs agricoles pour conseiller les cultivateurs, etc. Mais ces fonctionnaires-là existent déjà aujourd'hui. Les usines, les chemins de fer, ont bien déjà leurs chefs ; s'il n'y a pas de directeurs agricoles, il y a de gros fermiers qui ne cultivent pas et font travailler les colons, en les exploitant le plus possible. Il n'y aura donc pas de fonctions nouvelles ; mais ceux qui les remplissent seront au compte de l'Etat au lieu d'être au compte de simples particuliers. Voilà tout. Et remarquez que tous serviront à quelque chose ; tous contribueront à la confection des objets nécessaires à la vie ; tandis que tous les fonctionnaires supprimés ne servent qu'à nous prendre notre argent et à nous faire subir mille vexations. Ecrivez donc 240.000, monsieur l'Instituteur. Quel est votre total ?

L'Instituteur. — 1.650.000.

— Déjà plus d'un million et demi d'inutiles supprimés. Ce n'est que le commencement.

Père Crépin, vous qui devez aimer boire

une goutte le matin, vous allez nous dire combien il y a d'auberges, cafés et hôtels dans la commune.

Le père Crépin, *après avoir compté sur ses doigts.* — Sept, Monsieur.

— Et combien d'électeurs inscrits, monsieur l'Instituteur ?

L'Instituteur. — 545.

— Cela fait donc un débit par 78 électeurs environ. Vous êtes des modèles de tempérance, mes amis. Dans le Nord il y a un débit par 14 électeurs. Eh bien, ne croyez-vous pas qu'un bon hôtel avec café serait suffisant pour rafraîchir les gosiers secs, remplir les estomacs affamés et recevoir les rares voyageurs qui couchent ici ?

Tous. — Oh ! si ! bien certainemeut.

— On pourrait donc supprimer six aubergistes, maîtres d'hôtel et limonadiers sur sept sans que le service en souffre. Pour être bon prince, j'en supprimerai seulement 2 sur 3, ce qui fait pour toute la France une économie de 300.000 inutiles.

Passons aux marchands en détail, épiciers, merciers, marchands de nouveautés, bouchers, boulangers, tailleurs, etc. Il y en a en France 1 million 62.000. N'est-ce pas un chiffre exorbitant ? Tout le monde le reconnaît, même ceux qui défendent énergiquement la société actuelle. Je n'ai pas besoin de raisonner beaucoup pour vous démontrer que, sous le régime socialiste, qui supprimera tous les petits magasins et n'en aura qu'un dans les communes, comme la vôtre, 2 ou 3 dans les chefs-lieux, etc., on pourra se passer d'une grande partie de ce personnel. Nous pouvons donc, comme pour les débitants, en supprimer hardiment 2 sur 3. Ça nous fait une économie de 708.000 personnes !

Nous en arrivons à la police et à la gendarmerie. Il y en a 48.000. Ne croyez-vous pas, mes amis, qu'il y aura beaucoup moins de criminels quand chacun pourra gagner largement sa vie par un travail modéré ?

Tous. — C'est évident.

— Supprimons donc la moitié des gendarmes et des policiers et il y en aura de reste. C'est 24.000 de gagnés.

Par la même raison, et par suite de la suppression presque complète des procès civils dont je vous ai parlé, il n'y aura pas besoin de beaucoup de juges. Nous en supprimerons 9.000 sur 12.000.

L'Instituteur. — J'ai une inquiétude. Que deviendront tous ces gens dont les emplois seront supprimés ? Ils ont beau être des inutiles, ils sont intéressants quand même. Beaucoup ont femme et enfants. Va-t-on laisser tous ces malheureux mourir de faim ? J'ai lu le compte rendu des résultats d'une grosse société coopérative de consommation. Elle a donné quelques avantages à ses membres ; mais elle a ruiné tout le petit commerce de la ville où elle fonctionne. Il y a eu des masses de faillites, d'expropriations ; un père de famille s'est suicidé, ses enfants sont à la charité publique. C'est vraiment acheter un peu de bien par trop de mal, et si le socialisme doit étendre à tout le pays de telles misères, je n'aurai pas le courage de lui donner ma voix.

— Vous venez de démontrer l'erreur de ceux qui voient dans le développement de la coopération la solution de la question sociale. En effet, la coopération se borne à déplacer le mal ; je pourrais même prouver qu'elle l'aggrave au lieu de l'atténuer. Mais ce serait sortir du sujet.

Avec le socialisme, fort heureusement, les souffrances que vous redoutez ne se produiront pas. A tous ceux dont l'emploi sera supprimé, l'Etat donnera un autre emploi selon ses forces et ses aptitudes. Dans aucun cas son salaire ne sera inférieur à ce qu'il était avant la révolution. A ceux qui ne pourront pas travailler, ou pour qui on n'aura pas d'ouvrage, on assurera des secours égaux ou supérieurs à ce qu'ils gagnaient. Et ce ne sera pas une charge pour l'Etat, ainsi que je vous l'ai déjà expliqué, puisque tous ces assistés ne consommeront pas plus que précédemment de nourriture, de vêtements, etc. Il n'y aurait donc pas besoin de produire plus pour leur laisser leur part, et comme je vous l'ai dit, on produira beaucoup plus !

Comprenez bien le principe du socialisme : dans la société actuelle, quiconque ne possède rien et ne trouve pas de travail, est réduit à mourir de faim. Dans la société collectiviste, au contraire, sauf les paresseux qui refuseraient de faire leur petite part de la besogne commune, tout le monde sera nourri, même ceux qui ne pourront pas travailler, et ceux à qui, exceptionnellement, on n'aurait pas de travail à donner. Et je ne dis pas nourris de pain et de légumes : les plus humbles des journaliers, les vieillards, les infirmes, les orphelins assistés par la nation vivront plus largement que les gens ayant aujourd'hui six mille francs de rente. Encore une fois ce n'est pas une utopie puisque l'agriculture et l'industrie donneront toujours tous les aliments, vêtements, objets utiles à la vie qu'on pourra consommer. Êtes-vous satisfait, monsieur l'Instituteur ?

L'Instituteur. — Tout à fait ; mais je ne regrette pas de vous avoir interrompu, car cette explication était nécessaire.

— Nous allons maintenant rechercher ce qu'il y a de travail perdu dans l'agriculture et dans l'industrie par la mauvaise organisation de la société. L'agriculture emploie en France plus de 6 millions et demi de personnes, propriétaires, fermiers, métayers, journaliers, jardiniers, bûcherons et charbonniers. Vous avez la parole, Blaisot, pour nous dire si vous travaillez tous les jours de l'année.

Blaisot. — Dans la saison des labours, de la fenaison, de la moisson, les journées ne sont jamais assez longues. Mais en dehors de ces époques, je tue le temps à des travaux qui ne rapportent à peu près rien. Ainsi je bats mon blé au fléau pour économiser les frais de battage à la machine ; ça me fait ressortir de bien petites journées ; mais ça vaut mieux que rien. Si je trouvais de l'ouvrage à faire chez des gros propriétaires, ça m'aiderait un peu ; mais il y a tellement de journaliers qui n'ont même pas comme moi un peu de terre pour s'occuper, que je n'en trouve presque jamais. Le peu qu'il y a à faire est trop couru.

— Alors vous, petit propriétaire, vous perdez beaucoup de temps ; mais les simples journaliers, qui n'ont que leur journée pour vivre, en perdent bien davantage.

Blaisot. — Beaucoup plus, c'est sûr.

— En moyenne, travaillent-ils cinq jours par semaine ?

Blaisot. — Oh ! non !

— Quatre, alors.

Blaisot. — Pas même quatre.

— Est-ce vrai, père Antoine ?

Le père Antoine. — Tout à fait, Monsieur.

— Mais, vous-même, perdez-vous beaucoup de temps ?

Le père Antoine. — Pas beaucoup, Monsieur ; comme j'ai un grand domaine, il y a toujours à faire et, dans les saisons où il n'y a pas de gros travaux, je fais tout moi-même avec mon domestique pour éviter de prendre des hommes supplémentaires. Cependant, je perds bien quelques jours par-ci, par-là, pour aller aux foires, aux marchés et pour faire des charrois pour le bourgeois.

— Voyons, si nous comptions pour l'ensemble une moyenne de 50 jours perdus par an et par homme ?

Blaisot et le père Antoine. — Ah ! Monsieur, ce n'est pas assez !

— Ça ne fait rien. J'aime mieux être au-dessous qu'au-dessus de la vérité ; d'après un travail que j'ai lu, et dont l'auteur, comme moi, tenait à ne pas exagérer, la moyenne de perte est de 47 journées sur 300 composant l'année de travail. Et comme il y a 6.635.000 cultivateurs, ça équivaut au chômage complet d'un million 27 mille personnes ! Oui, plus d'un million de braves gens ayant bonne envie de travailler et qui ne font rien, parce que le travail est mal organisé !

Tous. — C'est énorme ! C'est effrayant !

— Eh bien, c'est encore bien plus fort dans l'industrie. Là, nous trouvons 1.022.000 patrons, 207.000 employés et 3.319.000 ouvriers.

Je vous ai dit qu'on supprimerait tous les petits ateliers et qu'on les remplacerait par de vastes usines. Mettons qu'un certain nombre des patrons actuels seront nécessaires comme chefs et sous-chefs des usines socialistes ; comptons aussi qu'une partie des patrons travaillent de leurs mains et font du travail d'ouvriers. Tout cela peut aller à 200.000 au grand maximum. Ça fait donc 822.000 inutiles !...

Sur les 207.000 employés la moitié deviendra inutile par la concentration du travail dans les grandes usines, soit 104.000.

Restent les ouvriers. Eux sont durement atteints par le chômage. On a calculé le nombre de journées perdues et constaté qu'en moyenne, elles dépassent un jour par semaine par chaque ouvrier. S'il n'y avait pas de chômage, on ferait autant de travail avec 670.000 ouvriers de moins. Or en régime socialiste, l'Etat, comme je vous l'expliquerai, organise le travail de façon à éviter tout chômage.

Ces chiffres finissent par vous casser la tête; je passe un peu vite; je termine par les domestiques dont on diminuera environ le tiers, soit 600.000, et par la population non classée, où il y a beaucoup d'éléments à prendre pour le travail : je compte environ le cinquième d'utilisable, soit 300.000. Maintenant, monsieur l'Instituteur, faites votre total.

L'Instituteur. — Le total est d'environ 6.200.000.

— Un dernier chiffre pour conclure : le chiffre de la population active de la France, propriétaires, patrons, employés, ouvriers, est de 15.675.000. Or il y en a 6.200.000 dont le travail est perdu. C'est-à-dire que sur 100 personnes qui travaillent, 40 ne produisent rien, tandis que sous le régime socialiste, tout le monde produira !

Oui, le socialisme supprimera les inutiles et fera disparaître le chômage de l'agriculture et de l'industrie. Tout le monde sera occupé 300 jours par an, selon ses forces et ses facultés. Chacun apportera sa part d'effort à l'œuvre commune. Imaginez ce qu'on pourra faire avec 6.200.000 ouvriers de plus! Et encore au lieu de travailler avec des outils à main, tout le monde travaillera avec des machines perfectionnées.

Comprenez-vous, maintenant, la puissance du socialisme ? Voyez-vous bien qu'il arrivera sans effort à produire assez pour donner l'aisance aux plus pauvres sans toucher au luxe des riches? Non seulement il y arrivera vite; mais au bout de peu de temps il dépassera le but; il produira tellement qu'on ne saurait plus quoi faire des produits. Il faudrait les laisser perdre! Alors on supprimera le travail des femmes, qui sont mieux dans leur ménage, à soigner leurs moutards, qu'à l'atelier ; on réduira la journée de travail des hommes à 6 heures, à 4 heures, que sais-je, moi? On donnera des congés de 15 jours, d'un mois aux travailleurs pour leur permettre de se reposer, de se divertir. Vous voyez bien que tout cela n'est pas du rêve, et que le socialisme peut vous le donner?

Qu'en pensez-vous?

L'Instituteur. — Ce n'est pas du rêve en effet, car il n'y a rien à contredire à tous les faits et à tous les chiffres que vous avez avancés. Nous sommes donc dans la réalité en plein. Et cependant quel rêve peut-être plus beau que l'avenir que vous nous faites entrevoir? J'en suis émerveillé.

Si, maintenant, vous pouvez nous expliquer les moyens pratiques d'organiser le socialisme, j'en deviendrai le défenseur convaincu.

Tous. — Nous aussi!

QUATRIÈME ENTRETIEN

—

L'Agriculture

LA SOCIÉTÉ CAPITALISTE PERD 7 MILLIONS D'HECTARES EN JACHÈRES OU TERRAINS INCULTES. — EN RÉGIME SOCIALISTE ON POURRA PRODUIRE TROIS FOIS PLUS DE BLÉ, DE VIANDE ET DE VIN QU'ACTUELLEMENT.
L'ÉTAT DONNERA AUX CULTIVATEURS DES LOTS DE CULTURE, DES USTENSILES AGRICOLES, SEMENCES, ENGRAIS, ETC. — IL ACHÈTERA LES PRODUITS AGRICOLES A UN PRIX FIXE ET RÉMUNÉRATEUR. — ASSURANCES GRATUITES CONTRE TOUTES LES PERTES.

— Nous avons déjà parlé un peu de l'agriculture. Nous allons aujourd'hui lui consacrer notre entretien. C'est elle, en effet, qui produit les choses les plus essentielles de la vie. « Labourage et pâturage, disait Sully, sont les deux mamelles de la France. » Voyons d'abord si l'agriculture utilise bien tous les terrains qui y sont propres. Père Antoine, est-ce que, dans le domaine dont vous êtes fermier, vous emblavez bien chaque année toutes les terres labourables ?

LE PÈRE ANTOINE. — Pas toutes, Monsieur ; il faut bien laisser reposer celles qui ont donné du blé, si on ne veut pas épuiser le sol.

— Vous croyez ? mais alors ce sol que vous ménagez si bien, quand vous l'ensemencez il doit vous donner des récoltes énormes ?...

Combien faites-vous d'hectolitres de blé par hectare.

LE PÈRE ANTOINE. — De 12 à 15, selon les années.

— Eh bien, deux agronomes anglais, MM. Lawes et Gilbert, de Rothamsted, ont semé tous les ans, sans interruption pendant près de 40 ans, du blé dans la même terre, et ils n'ont jamais récolté moins de 30 hectolitres à l'hectare.

LE PÈRE ANTOINE. — C'est le diable qui le faisait pousser, alors, car personne dans le pays n'a jamais entendu parler de récoltes pareilles.

— Vous verrez tout à l'heure que rien ne vous empêche d'en faire autant sans que le diable ait à s'en mêler. Je retiens pour le moment ce fait bien connu de tous les agronomes, c'est qu'il n'est pas nécessaire de laisser reposer le sol après une récolte : il suffit de lui rendre par une fumure convenable les éléments qu'il a perdus. Les terrains ne devraient donc jamais rester en jachères. Or, d'après la statistique du ministre de l'agriculture, le chiffre officiel des terrains en jachères, constaté en 1882 dans la grande enquête agricole, était de 3 millions 643 mille hectares, c'est-à-dire environ la septième partie des terres labourables. Quelle perte la France fait là par sa faute, alors qu'elle est bien souvent obligée d'acheter du blé à l'étranger pour se nourrir! Mais ce n'est pas tout. Vous dites, Blaisot, que vous perdez bien des journées parce que votre petit bien n'est pas assez grand pour occuper vos bras et ceux de votre famille. Pourquoi ne labourez-vous pas une partie de ces bruyères qui occupent des centaines d'hectares sur le plateau que je vois en face de nous? La terre, sans être très riche, peut encore donner un bon rendement.

BLAISOT. — Vous plaisantez, Monsieur! Ces bruyères ne sont pas à moi. Elles dépendent du château, et on les conserve pour entretenir le gibier.

— En effet, le Monsieur du château n'a pas besoin d'augmenter son revenu. Voilà bien le régime capitaliste dans toute sa beauté : de vastes terrains restent incultes, tandis qu'il y a des bras de bonne volonté qui restent croisés faute de travail.

Ce qui se passe ici est général et il existe en France, dans ce pays si riche, si avancé en civilisation, 6 millions 222 mille hectares de terrains incultes. C'est le chiffre officiel. Pour être juste, il faut reconnaître que beaucoup ne peuvent pas être cultivés; mais le rapport du ministre de l'agriculture, toujours sur l'enquête de 1882, établit que la plus grande partie de ces terrains sont propres à la culture. Mettons-en un peu moins de 4 millions de cultivables. Avec les 3 millions 643 mille hectares de jachères, ça fait en chiffre rond 7 millions d'hectares qu'on pourrait utiliser et qu'on n'utilise pas! N'est-ce pas effrayant? 7 millions d'hectares, c'est justement la superficie qu'on ensemence en froment chaque année !... Vous voyez combien la société capitaliste se montre incapable et gaspilleuse. Dire qu'avec ces 7 millions d'hectares perdus, on pourrait donner des petits domaines de 10 hectares à 700.000 de ces pauvres journaliers agricoles qui, la plupart du temps, ne savent quoi faire de leurs bras ! Mais non ! il faut qu'ils crèvent de faim à côté de toutes ces richesses !

Voyons donc si, au moins, on tire le meilleur parti possible des terres cultivées. Le père Antoine vient de nous dire, tout à l'heure, qu'il récoltait 12 à 15 hectolitres de blé par hectare. La moyenne pour toute la France est de 14 à 15 hectolitres. En Angleterre, sous un climat moins favorisé et dans des terres de moindre valeur, la moyenne atteint 24 hectolitres par hectare. Voyez comme nous sommes inférieurs ! Est-ce à dire que l'Angleterre ne peut pas être dépassée ? La société d'agriculture de Meaux a atteint le chiffre fabuleux de 70 hectolitres par hectare. Évidemment c'est exceptionnel ; mais un savant agronome, M. Grandeau, affirme d'après de nombreuses expériences, qu'on peut atteindre couramment 30 hectolitres à l'hectare, soit 6 de plus que l'Angleterre. Si nous y arrivions, nous doublerions largement notre récolte actuelle.

Blaisot. — Et que faudrait-il faire pour cela, Monsieur ?

— Nous allons le voir tout à l'heure. Passons au bétail. Père Antoine, quelle est la superficie du domaine que vous cultivez ?

Le Père Antoine. — Environ 55 hectares, Monsieur.

— Bien, et combien y avez-vous de têtes de gros bétail ?

Le Père Antoine. — Dix-huit, Monsieur.

— Combien de moutons ?

Le Père Antoine. — Une cinquantaine.

— A combien évaluez-vous le poids vif de tout ce cheptel ?

Le Père Antoine. — Dans les 8.000 kilogrammes.

— Ce qui fait environ 145 kilogrammes par hectare. Vous êtes au-dessous de la moyenne pour toute la France, qui est de 178 kilos environ. Eh bien, ce n'est pas 145 kilos ni même 178 kilos de bétail, que vous pourriez et que vous devriez avoir par hectare : c'est 500 kilos, ce qui ferait au moins 60 bêtes à cornes et 150 moutons pour votre domaine.

Le Père Antoine. — Mais, Monsieur, je n'aurais jamais assez de foin pour les nourrir.

— C'est ce qui vous trompe. Mais il faudrait savoir le faire pousser d'abord, et ensuite utiliser sans en rien perdre toutes ses substances nutritives. Mettez-vous des engrais dans vos prairies ?

Le Père Antoine. — Jamais, Monsieur. On fume les terres, mais pas les prés.

— Encore une erreur, père Antoine. On

fume les prés et on s'en trouve bien. Je vous expliquerai tout à l'heure comment on procèdera sous le régime socialiste. Sachez seulement que, ce chiffre de 500 kilos de bétail par hectare, je ne l'ai pas pris sous mon bonnet. C'est encore le ministre de l'agriculture qui me le fournit, d'après l'avis des agronomes les plus distingués. Il faut 500 kilos de bétail par hectare pour maintenir un domaine dans un bon état cultural, c'est-à-dire pour fournir la quantité de fumier naturel dont il a besoin. De nombreuses expériences ont prouvé qu'il est facile d'atteindre ce chiffre, et même de le dépasser. Mais il faut ensiler son fourrage vert, au lieu de le sécher au soleil, et compléter la nourriture du bétail par d'autres substances, racines, maïs, tourteaux, drèches, etc. Vous voyez, mes amis, combien il y a, de ce côté, de progrès à faire. Le père Antoine cultive comme il a toujours vu faire autour de lui. Il ne connaît pas les progrès de la science. Personne ne les lui indique. Presque tous les paysans de France en sont là. Les propriétaires ne savent le plus souvent que toucher leurs fermages. Et voilà comme quoi la France a trois fois moins de viande qu'elle n'en pourrait produire, et comme quoi tant de pauvres diables restent des semaines sans en goûter la plus mince tranche.

Passons au vin qui, avec la viande et le blé, constitue le fond de l'alimentation. Ce pays-ci n'a pas de vignobles, et vous n'êtes sans doute pas au courant de cette culture. Sachez donc que la moyenne du vin récolté en France est de 16 à 18 hectolitres à l'hectare, tandis qu'on obtient des rendements de 200, 300 et 400 hectolitres, avec une excellente culture et certains cépages.

Pourquoi cet écart fantastique? Parce que la plupart des vignerons français emploient les vieilles méthodes : plantation serrée sur un sol à peine travaillé, taille courte, fumures rares et maigres ; tandis qu'il faudrait défoncer profondément le sol, planter large pour permettre le passage de la charrue et de l'extirpateur dans les vignes, tailler long et fumer abondamment. J'admets qu'avec ces procédés on n'atteigne pas en moyenne les 3 à 400 hectolitres à l'hectare dont je viens de parler. En tout cas, on arriverait facilement à 50 hectolitres. Ce serait donc le triple de la quantité du vin récolté actuellement.

En résumé, si on faisait partout en France de la bonne culture, on récolterait trois fois plus de vin, trois fois plus de viande et deux fois plus de pain. Et en ensemençant en blé toutes les terres laissées en jachère, on porterait également au triple la quantité du pain.

L'INSTITUTEUR. — Ces chiffres sont satisfaisants, et il est impossible de les discuter, puisqu'ils sont puisés dans les statistiques officielles et les travaux des savants les plus autorisés. Mais il nous reste à savoir comment la société collectiviste s'y prendrait pour réaliser les progrès agricoles dont vous venez d'indiquer les résultats.

— J'allais y venir. Remarquez d'abord qu'il n'est pas nécessaire, pour donner le bien-être à tous, d'avoir trois fois plus de pain, de viande et de vin qu'il n'en existe actuellement. Une augmentation bien moindre serait suffisante. J'ai simplement cité ces chiffres pour montrer jusqu'où l'on pourrait aller en cas de besoin. Voyons donc maintenant comment l'agriculture sera organisée sous le régime socialiste.

Nos ennemis vous disent que le socialisme ôtera la terre au paysan qui la cultive. C'est absolument faux; il ne l'ôtera qu'aux gros propriétaires qui ne cultivent pas eux-mêmes. Et, de ces grandes propriétés détenues par des oisifs parasites, il fera des lots pour donner aux cultivateurs. Quant aux petits propriétaires, comme notre ami Blaisot, loin de leur prendre leur chétif lopin de terre, on leur en donnera davantage, de façon à leur faire 10 à 15 hectares en tout. Je dis 10 à 15 parce que vous comprenez bien, mes amis, que 10 hectares en Beauce ou en Limagne valent mieux que 15 hectares en Sologne ou dans les Landes, et que deux hectares dans les vignobles de la Haute Bourgogne valent encore mieux que 10 hectares en Beauce ou en Limagne. Or, il ne faut pas favoriser les uns aux dépens des autres. On fera donc varier la superficie des lots selon la valeur du sol. C'est pourquoi je prends une moyenne de 10 hectares pour chaque lot.

Or il y a en France, les bois mis à part, environ 40 millions d'hectares de sol cultivable. On peut donc donner un lot de 10 hectares à 4 millions de cultivateurs, qui vivront exclusivement et largement du travail de leurs terres, tandis qu'aujourd'hui il n'y en a guère plus de deux millions, dont la plupart — témoin Blaisot — vivent très péniblement.

Qu'en dites-vous, mes amis ? Est-ce que ce gouvernement vous déplaira ? Recevrez-vous à coups de fourche, comme on l'a écrit, les répartiteurs collectivistes qui viendront faire les lots ?

Tous, *avec enthousiasme.* — Nous les porterons en triomphe !

Blaisot. — C'est ce jour-là seulement qu'on pourra dire que la République protège les travailleurs ! Jusqu'à présent elle est restée, tout comme les monarchies précédentes, le gouvernement des riches.

L'instituteur. — Je vois qu'en effet le socialisme seul donnera la terre aux paysans. Mais il me semble qu'il y a plus de 4 millions de cultivateurs en France. Il y en aura donc qui n'auront pas leur part du gâteau ?

— Il y a en France environ 6 millions de cultivateurs, dont 2 millions 200 petits propriétaires cultivant exclusivement leurs terres, et 3 millions 800.000 fermiers, colons, journaliers agricoles ou très petits propriétaires obligés de chercher du travail en dehors de chez eux. Le socialisme renversera la proportion, puisqu'il fera 4 millions de propriétaires, vivant largement sur leurs terres, et 2 millions de journaliers seulement.

Remarquez qu'il faudra toujours des journaliers pour aider aux travaux ruraux de toute nature, et que les nôtres se composeront surtout des jeunes gens qui n'auront pas encore assez de connaissances et d'expérience pour qu'on leur donne un lot. Remarquez de plus que le sort des journaliers ne sera pas comparable à ce qu'il est actuellement : ils gagneront une bonne journée et n'auront jamais de chômage. Sauf le plaisir d'être maîtres chez eux, ils seront donc presque aussi heureux que les possesseurs de lots. Enfin, ceux d'entre eux qui ne seraient pas satisfaits de leur situation n'auront qu'à demander un lot en Algérie ou en Tunisie ; on leur en donnera un immédiatement, car dans ces vastes pays, il y a de la terre disponible en surabondance.

Vous voyez donc que personne n'aura lieu de se plaindre de son sort.

L'INSTITUTEUR. — Vous avez raison ; cependant, permettez-moi encore une observation. Il me semble qu'en morcelant ainsi la propriété, vous tournez le dos au progrès et à la science, qui marchent vers la grande culture, comme plus productive que la petite pour un effort égal.

— Votre réflexion est fort juste ; mais elle a

été prévue. Chaque fois que plusieurs propriétaires verront avantage à mettre leurs lots en commun pour faire de la grande culture, on leur laissera le droit de s'associer et on leur fournira les outils perfectionnés qui leur deviendront nécessaires. L'Etat encouragera partout ces associations, tout en ne les imposant à personne. Peu à peu, par leur libre volonté et suivant les conseils des directeurs agricoles qui leur montreront l'intérêt qu'ils ont à faire de la grande culture, les cultivateurs des pays de plaine se constitueront presque partout en associations de grande culture, et la question sera résolue dans le sens du progrès, sans qu'on ait eu à contraindre personne.

L'INSTITUTEUR. — Je n'ai plus d'objections à faire ; votre réponse est concluante.

— Je prends maintenant un cultivateur en possession de son lot. L'Etat lui fait construire ou remet à neuf ses bâtiments d'habitation et d'exploitation, complète son matériel et son bétail et le met en mesure de travailler dans de bonnes conditions. Je vous ai dit qu'il ne lui fait payer ni loyer ni impôts. Ce n'est pas tout : il lui fournit tout ce qui lui est nécessaire pour cultiver.

D'abord de bonnes semences. Il ne s'agit pas de mettre en terre n'importe quelles graines, il faut d'abord choisir judicieusement l'espèce qui convient au sol et au climat, puis prendre les grains les plus beaux de cette espèce. Ce n'est pas une petite affaire, car un savant agronome, M. Grandeau, a, dans le même champ, avec le même travail et la même fumure, récolté 18 quintaux à l'hectare d'une sorte de blé et 34 quintaux à l'hectare d'une autre sorte.

La plupart des cultivateurs ne connaissent pas tout cela ; mais l'Etat mettra, pour les guider dans leurs travaux, un directeur agricole par commune. Ce directeur n'aura pas d'ordres à leur donner, mais comme il sera très instruit et très expérimenté, chacun se fera un plaisir de lui demander des conseils.

Voilà donc pour les semences ; il y a aussi les amendements et les engrais : pour connaître ceux qui conviennent au sol, il faut avoir fait de la chimie ; le directeur agricole ne s'y trompera pas ; il indiquera la nature et la quantité des engrais nécessaires ; ces engrais, fabriqués dans les usines de l'Etat, seront soigneusement dosés ; les cultivateurs ne seront plus exposés à être volés comme ils le sont par l'industrie privée. L'Etat leur fera l'avance des engrais comme celle des semences, du bétail et du matériel. Il leur avancera même de l'argent pour vivre en attendant la récolte. On emploiera les engrais à haute dose. Il n'y a pas à craindre qu'ils manquent jamais ; les mines de phosphate d'Algérie sont inépuisables, et on utilisera tous les détritus organiques, riches en azote, qui sont aujourd'hui gaspillés.

Les directeurs agricoles apprendront aux

cultivateurs les meilleurs procédés de culture ; ils leur feront connaître les instruments les plus perfectionnés ; ils leur montreront les résultats donnés par l'usage des engrais dans les prairies naturelles, la manière de nourrir leurs bestiaux, l'art d'ensiler leurs fourrages verts au lieu de les laisser se dessécher au soleil, ce qui leur enlève la plus grande partie de leurs qualités nutritives.

Il y aura dans toutes les communes des stations d'étalons des meilleures races, dont l'usage sera gratuit. Dans des conditions aussi favorables, ne comprenez-vous pas que l'agriculture française arrivera à produire beaucoup plus qu'elle ne produit actuellement ?

L'INSTITUTEUR. — Je crois que vous êtes resté au-dessous de la vérité en disant que la production agricole pourrait être triplée. J'ai entendu dire par un agriculteur distingué que, si l'on tirait bien parti de la terre, elle pourrait rendre cinq à six fois plus qu'aujourd'hui. Eh bien, il me semble que l'organisation socialiste portera au maximum la puissance productive du sol. Seulement, je suis inquiet à un autre point de vue : ce n'est pas tout de récolter ; il faut vendre un bon prix. Avec cette abondance extrême, les prix tomberont à rien, et le cultivateur sera encore malheureux.

— C'est là que vous allez voir apparaître toute la beauté du régime socialiste : le blé, la viande, le vin, tous les produits de la terre seront achetés par l'Etat, à un prix fixe très rémunérateur, et qui ne variera jamais selon l'abondance ou la rareté de la marchandise. Donc, pas besoin de s'inquiéter des cours des mercuriales et de redouter, comme aujourd'hui, de voir la baisse produite par l'agiotage emporter le fruit d'une année de travail. Sitôt la récolte battue, on la fera mesurer par le directeur du magasin général de la commune qui en paiera immédiatement le prix fixé d'avance.

L'INSTITUTEUR. — Mais s'il y a plus de blé, de viande et de vin que la France n'en peut consommer ?

— On vendra l'excédent à des nations moins favorisées. D'ailleurs, les bonnes années, l'Etat fera de fortes réserves pour parer à l'insuffisance des mauvaises. Enfin, quand le bien-être existera dans tout le pays, vous verrez la population s'augmenter assez vîte pour absorber toute la production.

L'INSTITUTEUR. — Un dernier mot. Que se passera-t-il en cas de perte par incendie, grêle, inondation ?

— L'Etat indemnisera intégralement le cultivateur de ses pertes, sans qu'il ait de prime d'assurances à payer.

L'INSTITUTEUR. — Je suis émerveillé. Vous avez à tout des réponses absolument satisfaisantes. Je n'aurais jamais cru que le socialisme pût résoudre aussi facilement les difficultés devant lesquelles la société actuelle est forcée d'avouer son impuissance.

Industrie, Commerce, Logements, Professions

DÉVELOPPEMENT DU MACHINISME AU PROFIT DES PRODUC-
TEURS. — DIMINUTION DES HEURES DE TRAVAIL. — SUP-
PRESSION DES PETITS ATELIERS. — LES MINES. — A CHACUN
SELON SES ŒUVRES AU-DESSUS DU MINIMUM DE BESOINS. —
LES GRANDS MAGASINS SOCIALISTES. — LES LOGEMENTS. —
CHOIX DU DOMICILE ET DE LA PROFESSION. — LIMITATION DE
LA PRODUCTION AUX BESOINS.

— Aujourd'hui, mes amis, nous allons nous
entretenir de l'industrie. Vous vous rappelez
que nous en avons déjà parlé dans notre
premier entretien, et que nous avons constaté
que le travail à la main, ou avec des outils simples, n'est plus possible en présence des grandes usines qui font tout mécaniquement.

Les ouvriers s'aperçoivent bien que chaque
machine nouvelle leur enlève des journées de
travail. Parfois ils s'irritent contre les machines. N'a-t-on pas vu les tisseurs lyonnais bri-
ser le métier Jacquard ? Mais ils finissent par
sentir qu'on ne peut pas lutter contre la machine, que c'est elle qui l'emporte toujours.
En effet, si on renonçait à employer tout ce
qui aide l'homme dans son travail, il faudrait
supprimer non seulement la charrue à vapeur,
mais la charrue ordinaire, qui fait plus de travail que la bêche ; il faudrait supprimer la

bêche elle-même qui est un outil perfectionné à côté des instruments de bois de l'homme primitif; il faudrait supprimer même ces grossiers instruments et gratter la terre avec ses ongles. C'est absurde, n'est-ce pas ? Personne ne songe à nous ramener à la barbarie des premiers âges. Il faut donc suivre le progrès et accepter avec joie toutes les inventions qui permettent à l'homme d'obtenir le même résultat utile pour un effort moindre.

RIFLARD. — Mais, Monsieur, comment voulez-vous que j'accepte avec joie des machines qui m'empêchent de trouver du travail et me font crever de faim ?

— Ce qui vous a fait du mal jusqu'à présent, ami Riflard, fera votre bonheur et celui de tous, si vous, et la classe ouvrière toute entière, savez comprendre la vraie cause du mal dont vous souffrez et y appliquer le vrai remède. Ce n'est pas la machine en elle-même qui vous nuit; c'est l'exécrable régime capitaliste sous lequel nous vivons. Actuellement les machines travaillent au profit des patrons; les journées de travail qu'elles économisent grossissent leurs bénéfices, et l'ouvrier, jeté sur le pavé, non seulement n'y gagne rien, mais en souffre beaucoup. Mais sous le régime socialiste, au contraire, les machines travailleront au profit de tous. Plus elles produiront, plus la masse des objets utiles à la vie augmentera, et plus votre part sera forte. L'État socialiste ne sera pas un patron qui cherchera à gagner sur vous ;

il se bornera à diriger vos travaux et à en partager le fruit entre tous les travailleurs, en proportion des services de chacun ; il ne gardera rien pour lui. Donc, loin de combattre les machines, il faudra les employer partout, à la place des outils à main, et nous ingénier à les perfectionner de jour en jour davantage.

Comprenez, mes amis, le bel avenir que le socialisme ouvre devant l'humanité : grâce au machinisme, on produira tous les objets de consommation, nourriture, vêtements, ameublements, objets de luxe, en quantités immenses. Le plus modeste ouvrier en aura pour sa part autant qu'il en pourra souhaiter ; les enfants, les vieillards, les infirmes, qui ne peuvent pas travailler, auront leur large part aussi. Personne ne manquera de rien. Il n'y aura plus de pauvres.

A un moment donné, quand les machines se seront encore perfectionnées, il faudra ralentir la production, car on ne saurait plus quoi faire de ces objets. Alors on diminuera la durée de la journée de travail. Elle ne sera plus de douze heures comme aujourd'hui, ni même de huit heures comme le demande le parti ouvrier ; elle descendra à six heures, à quatre heures, que sais-je, moi ? à deux heures, peut-être ! Qui peut dire où s'arrêteront les progrès de la science ? Et le travail ne sera plus pénible du tout ; les machines feront toujours la besogne ; l'homme n'aura qu'à les surveiller. Ce sera l'âge d'or.

Tout cela, remarquez-le bien, n'est pas chimérique. C'est l'avenir certain, le jour où le socialisme fera travailler les machines au profit du peuple, au lieu de les laisser travailler comme aujourd'hui au profit de quelques capitalistes.

LE PÈRE CRÉPIN. — Si j'avais le bonheur de vivre assez longtemps pour voir ça, je mourrais content ensuite. Mais alors, Monsieur, tous les petits ateliers seront supprimés ?

— Parfaitement. Pourquoi voulez-vous qu'on laisse des hommes s'éreinter pour faire à la main ce que les machines font mieux et plus vite ? Vous avez dit vous-même qu'avec l'outillage des grandes fabriques de chaussure, un ouvrier fait 200 paires de souliers quand vous en faites une. Il en est de même de toute la fabrication à la main comparée à la fabrication mécanique. Donc, au lieu des petits ateliers, on aura de vastes usines, pourvues des meilleures machines, et où on abattra de l'ouvrage sans fatigue.

Ce qui doublera l'avance du travail, c'est que chaque usine ne fera qu'un seul genre de produits, et toujours le même. Cela existe déjà actuellement dans certaines industries ; mais pas partout. D'ailleurs les capitalistes n'ont pas toujours les machines les plus perfectionnées ; ils usent leur vieux matériel et ne le remplacent que quand il n'est plus bon à rien. Au contraire, sous le régime socialiste, sitôt une machine plus perfectionnée découverte, on jettera les anciennes à la ferraille. A mesure que la science fera un progrès, on l'utilisera pour augmenter le bien-être de tous.

Actuellement, il y a beaucoup de choses que nous ne fabriquons pas en France et que nous pourrions y fabriquer, car nos ouvriers sont aussi laborieux et plus intelligents que ceux de tous les autres pays. On enverra des ingénieurs à l'étranger pour y étudier les procédés de fabrication et on créera ces industries en France. Ce que les capitalistes n'osent pas entreprendre, sous la menace de la concurrence, l'Etat socialiste, qui n'aura pas de concurrents, le fera facilement.

Et nos mines ! C'est alors qu'on saura tirer parti de leurs richesses ! Actuellement plus de la moitié des mines concédées ne sont pas exploitées ; messieurs les capitalistes en demandent la concession qu'ils obtiennent — à grand renfort de pots-de-vin — non pour les exploiter, mais pour empêcher qu'elles ne le soient par d'autres, et se préserver de la concurrence. D'ailleurs, combien de mines restent ignorées ! Il n'y a aucun service chargé d'en faire la recherche. Que de millions dorment dans le sein de la terre, en France et dans les colonies, en Algérie notamment. Sous le régime collectiviste, il y aura des ingénieurs chargés d'explorer tout le territoire, d'y rechercher les mines et d'en dresser l'état. Au fur et à mesure qu'on en aura besoin, on les mettra en exploitation.

Inutile de dire que l'Etat, qui ne poursuit

pas le profit à tout prix, prendra toutes les précautions dans les mines pour assurer la sécurité des travailleurs.

Dans les industries dangereuses, les matières délétères ne seront pas mises en contact avec les organes des ouvriers ; de plus, la journée de travail sera diminuée pour que les ouvriers puissent aller se refaire le sang en respirant du bon air.

M. MARTIN. — Je vois qu'en effet on arrivera à produire beaucoup de choses avec aussi peu de peine que possible ; mais je voudrais bien savoir, maintenant, comment on partagera ces choses entre tous les citoyens, de manière à assurer à chacun une part proportionnelle à son mérite.

— Ça sera bien facile. Je vous ai dit qu'en dehors des cultivateurs possesseurs d'un lot, qui vendront leurs produits à l'Etat, tout le monde recevra un salaire. Les simples journaliers auront le salaire minimum, mais il sera largement suffisant pour leur assurer du pain, de la viande, du vin, des vêtements et un logement, c'est-à-dire pour pourvoir à leurs besoins. Les journaliers de deuxième et de première classe gagneront un peu plus ; les ouvriers et employés gagneront un peu plus encore ; ils passeront ensuite de deuxième, puis de première classe, et à chaque élévation, leur salaire s'augmentera ; puis viendront les contre-maîtres, ingénieurs, employés supérieurs, hauts fonctionnaires. Bref chacun montera en grade selon son travail; et n'ayez pas peur qu'il y ait du favoritisme : un ensemble de mesures de contrôle assurera la justice égale pour tous..

C'est au moyen de cette distribution équitable de salaires que s'effectuera le partage des produits. En effet, chacun pourra échanger son salaire contre des produits de consommation à son choix, et comme la valeur de chaque objet sera déterminée d'après le nombre de journées d'ouvriers nécessaires pour sa fabrication, personne ne sera lésé dans le partage. Un ouvrier qui aura produit dans un mois pour 250 francs d'objets de consommation, recevra 250 francs de salaire avec lesquels il pourra acheter pour 250 francs de nourriture, vêtements, meubles, etc., à son gré.

M. Martin. — Je comprends. Je serais curieux de savoir, maintenant, comment seront organisés les magasins socialistes.

— Il n'y en aura, bien entendu, qu'un dans les petites communes comme la vôtre. On y trouvera tous les objets de première nécessité. Chaque marchandise sera marquée en chiffres connus, il n'y aura pas besoin de marchander car on en aura toujours juste pour son argent.

Il y aura dans les villes des magasins plus vastes, et contenant un bien plus grand assortiment de marchandises. Mais, pour éviter aux habitants des campagnes la peine de se déranger pour aller en ville faire leurs achats, on installera dans les magasins des communes rurales des comptoirs d'échantillons, où ils trouveront en petit, avec les prix marqués, tout ce qui existera dans les magasins des villes. Il suffira de demander au directeur du magasin de campagne la quantité qu'on voudra de telle étoffe ou de telle denrée, et on la recevra par le prochain courrier sans frais.

Les magasins des villes ne contiendront pas, comme ceux des campagnes, toutes sortes de marchandises à la fois ; ils seront spécialisés. Ainsi il y en aura un pour les étoffes, un pour l'alimentation, un pour l'ameublement et ustensiles divers. Dans les très grandes villes, la spécialisation sera plus grande encore : il y aura un magasin pour les toiles, un pour les cotonnades, un pour les soieries, un pour les draps, etc. Bien entendu, toutes les facilités seront données aux acheteurs, à qui on livrera sans frais à domicile. Tous les achats se feront au comptant, car personne n'aura besoin de crédit. Les employés ne feront pas l'article ; ils montreront la marchandise sans rien dire ; achètera qui voudra.

M. MARTIN. — Mais si, moi qui habite à la campagne, je veux me faire faire un vêtement ou une paire de souliers sur mesure, il faudra donc que j'aille dans les villes où seront installées les grandes usines de vêtements et de cordonnerie ?

— Pas du tout. Vous allez au magasin de votre commune où on vous prend mesure ; si c'est pour un vêtement, vous choisissez votre étoffe dans le carnet d'échantillons où les échantillons seront de grande dimension ; pour des chaussures, vous choisissez votre cuir, et on transmet la commande à l'usine. Quelques jours après, l'essayage se fait, toujours sur place, et quelques jours après encore, votre commande est livrée. Ce n'est donc pas compliqué.

Maintenant il est bien évident que les tailleurs qui prendront mesure et essayeront ne seront pas aussi habiles que ceux des grandes villes, et si l'on veut un costume élégant, il vaudra mieux y aller directement. Mais c'est la même chose aujourd'hui, et il ne peut pas en être autrement.

L'Instituteur. — Vous avez dit un mot des logements. Comment seront-ils réglés sous le régime socialiste ?

— Toutes les maisons appartenant à l'Etat, c'est à lui qu'on aura affaire comme propriétaire ; mais rassurez-vous : il ne sera pas aussi féroce que les propriétaires capitalistes. D'abord, il fera toujours toutes les réparations nécessaires, sans attendre qu'on les réclame ; puis il ne cessera de veiller à ce que ses locataires aient toute satisfaction sous le rapport de l'hygiène et de la commodité. Les mansardes infectes, les caves sans air où s'entassent des familles entières d'ouvriers seront fermées ; tous les logements seront bien aérés, bien éclairés, bien salubres. Chacun choisira un logement à son goût et pourra en changer à la fin de chaque mois en prévenant huit jours à l'avance. Le locataire ne payera son loyer qu'à terme échu, à moins qu'il ne veuille prendre un logement trop cher pour les ressources dont il dispose. Ceux qui quitteraient un logement sans payer ne verront pas leurs meubles saisis et vendus ; on leur retiendra simplement les termes dus, sur leur salaire, par fractions. Je ne crois pas qu'on puisse rêver un régime plus doux et plus agréable.

L'Instituteur. — Pourra-t-on changer de localité comme on changera de logement ?

— Absolument, et ce sera d'autant plus facile que l'on voyagera gratuitement en chemin de fer, comme je vous l'expliquerai plus tard. Maintenant, il est bien évident qu'un homme qui, par caprice, quitterait la localité où il aurait du travail pour aller dans une autre, ne sera pas nourri à rien faire s'il ne trouve pas à s'y occuper.

L'État assure du travail à tous, ou s'il n'en a pas à leur donner, il leur paye leur journée quand même ; mais à condition que les ouvriers restent dans les lieux où le travail existe. Sans quoi les paresseux auraient trop beau jeu : ils se rendraient en masse dans les petites communes, où le travail est rare, et se feraient nourrir sans rien faire. Ce serait de la dérision.

L'Instituteur. — Vous avez raison ; maintenant je voudrais bien savoir si chacun choisira sa profession et pourra en changer librement.

— Aussi librement qu'aujourd'hui.

L'Instituteur. — Mais alors tout le monde se jettera sur les professions les plus agréables et les moins pénibles, et il n'y aura personne pour faire les besognes dures ou répugnantes ?

— Détrompez-vous ; il sera facile d'assurer le recrutement de tous les services. D'abord on réglera le nombre des apprentis sur les besoins de main-d'œuvre dans chaque profession. Si, après le maximum atteint, des jeunes gens persistent à entrer dans la carrière, on les préviendra qu'ils s'exposent à recevoir une journée moindre, dans le cas où plus tard il y aurait, par leur faute, surabondance de bras. Presque tous reculeront. Les autres, lorsqu'ils verront qu'en effet la journée sur laquelle ils comptaient est diminuée, s'empresseront de changer de métier. D'autre part, si certaines professions sont délaissées, on y attirera des volontaires en augmentant le salaire. L'augmentation sera d'autant plus forte que la profession sera plus pénible ou plus répugnante. De la sorte on trouvera, sans forcer personne, des travailleurs pour toutes les besognes.

L'Instituteur. — Je vois avec plaisir que vous avez réponse à tout et qu'on ne peut pas vous prendre en défaut.

— En effet, le socialisme est, dans sa doctrine comme dans la pratique, assez solide pour résister à toutes les objections. Nous ne faisons qu'effleurer les questions, dans nos entretiens familiers et amicaux ; mais nos adversaires peuvent les fouiller beaucoup plus à fond ; ils ne nous embarrasseront jamais.

L'Instituteur. — Une question encore. Vous nous avez dit que l'Etat réglerait la production de façon à ce qu'elle ne dépasse pas par trop les besoins. Comment pourra-t-il y parvenir ? Cela me paraît bien compliqué.

— Rien n'est plus simple au contraire. Prenons un article quelconque : les chapeaux, par exemple. Le 31 décembre, les magasins de toutes les communes font leur inventaire et déterminent le nombre de chapeaux de chaque espèce vendus dans l'année. On fait le total au ministère, je suppose qu'il atteigne six millions. C'est donc six millions de chapeaux qu'il faudra fabriquer pour l'année suivante. On en comptera même cent ou deux cent mille de plus afin qu'il n'en manque jamais. Le ministre de l'industrie connaît le nombre d'usines de chapellerie dont il dispose, le nombre et l'espèce de chapeaux que chacune peut faire. Il écrit donc à telle usine : « Vous ferez tant de chapeaux de telle espèce » ; à telle autre : « Vous en ferez tant de telle autre espèce ». Aussitôt les directeurs d'usines se mettent à l'œuvre, commandent leurs matières premières, s'assurent d'un personnel suffisant, et d'un bout de l'année à l'autre, le travail marche régulièrement, sans chômage, sans heures en plus.

Les usines expédient aux magasins sur leurs demandes et gardent en réserve ce qu'elles n'expédient pas, de façon à avoir toujours un stock suffisant pour tous les besoins. Ce n'est pas plus malin que ça.

L'Instituteur. — En effet; il ne faut pas m'en vouloir si je fais un peu l'avocat du diable, car je suis très séduit par ce que vous nous expliquez, et je ne cherche des objections que pour arriver à mieux asseoir ma conviction définitive. Il m'en vient une encore à l'esprit. Croyez-vous que les ouvriers se montreront bien courageux lorsqu'ils travailleront pour le compte de la collectivité, au lieu de travailler pour le leur, et ne craignez-vous pas que le socialisme ne soit le règne des paresseux?

— Où avez-vous pris, cher Monsieur, que les ouvriers travaillent actuellement pour leur compte, et qu'ils aient intérêt à produire beaucoup? C'est le contraire qui est vrai. Ils travaillent pour le compte de leurs patrons; plus ils bûchent, plus le patron gagne. Vous me direz que les ouvriers sont souvent aux pièces et que dans ce cas ils sont récompensés de leurs efforts. Mais c'est là un trompe-l'œil. Si un ouvrier excellent arrive à sortir une trop forte journée, le patron abaisse aussitôt le prix des pièces pour le ramener à un taux plus bas, et il trouve toujours des ouvriers affamés pour accepter ses conditions. Même aux pièces les ouvriers ont donc intérêt à ne pas trop se fatiguer. C'est bien autre chose à la journée. Là, ils se disent: « Quand il n'y aura plus d'ouvrage à l'atelier, le patron me mettra à pied; faisons-en le moins possible chaque jour pour faire durer le plaisir plus longtemps ».

Donc dans la société capitaliste, les ouvriers ont intérêt à travailler le moins possible. Il n'en sera pas de même sous le régime socialiste, puisque les journées de chômage, s'il y en a, seront payées comme celles de travail. Quant à l'augmentation de salaire, qui doit être un encouragement pour les bons ouvriers, elle existera sous le régime socialiste comme aujourd'hui ; et l'État n'aura jamais de raison pour ne pas l'accorder à ceux qui la mériteront, tandis que le patron a toujours intérêt à augmenter ses ouvriers le moins possible, même s'il en est très satisfait.

Les bons ouvriers ne s'arrêteront pas à la première classe ; ils pourront devenir contremaîtres, ingénieurs, directeurs d'usine, monter plus haut encore si leur intelligence et leur activité le justifient. Il n'y aura pas de carrière fermée. Tout élève d'une école primaire pourra devenir Président de la République. Etes-vous satisfait de ma réponse, monsieur l'Instituteur ?

L'Instituteur. — Entièrement. Mais puisque vous parlez d'école primaire et me ramenez ainsi à ma profession, je voudrais bien que vous me disiez un peu ce que sera l'enseignement sous le régime collectiviste ?

— Volontiers ; mais ce sujet si important est par là même assez long. Si vous le voulez bien, nous le remettrons à notre prochaine causerie.

L'enseignement intégral

L'ÉGALITÉ DU POINT DE DÉPART. — LE MONOPOLE DE L'EN-
SEIGNEMENT APPARTIENT A L'ETAT. — ENSEIGNEMENT PRI-
MAIRE, SECONDAIRE ET SUPÉRIEUR. — ENSEIGNEMENT PRA-
TIQUE. — SÉLECTION DES INTELLIGENCES. — CHOIX DES CAR-
RIÈRES. — PAS DE CARRIÈRES FERMÉES. — L'ART, LA LIT-
TÉRATURE, LA PRESSE. — AVANTAGES ACCORDÉS AUX
INVENTEURS.

— Nous en étions restés à l'enseignement.
C'est un des points sur lesquels le socialisme
apporte des solutions admirables de grandeur
et de justice. Vous allez en juger.

Vous avez trop de bon sens, mes amis, pour
ne pas comprendre que l'égalité absolue ne
peut pas exister dans une société, puisqu'elle
n'existe pas dans la nature : tant qu'il y aura
des petits et des grands, des forts et des faibles, des intelligents et des bornés, la condition de tous les hommes ne pourra pas être la
même. Mais ce qu'il est juste de demander,
c'est d'abord que les moins favorisés de la nature ne manquent pas du nécessaire ; c'est ensuite que toutes les situations sociales soient
accordées à ceux qui les méritent, et que les
enfants des plus modestes journaliers puissent
les atteindre aussi bien que ceux des privilégiés de la fortune.

Or que se passe-t-il en ce moment ? Les enfants des riches ont toutes les facilités du monde pour s'instruire et arriver aux places élevées, même s'ils sont d'une intelligence très médiocre ; tandis que les enfants des pauvres ne réussissent que très rarement à faire leurs classes, même s'ils sont remarquablement doués.

La loi oblige les pères de famille à envoyer leurs enfants à l'école ; ils y sont admis gratuitement, ce qui est déjà quelque chose, il faut le reconnaître ; mais ce n'est pas assez : si un père de famille n'a pas de quoi nourrir son enfant, s'il n'a pas de chaussures ni de vêtements à lui donner, il faut bien qu'il le garde chez lui, ou cherche à lui faire gagner quelques sous en travaillant. Il y a donc un grand nombre d'enfants qui, malgré la loi, ne vont pas à l'école ; il y en a un bien plus grand nombre qui n'y vont que très irrégulièrement. Les uns et les autres sont voués à rester toute leur vie de simples manœuvres, quelle que soit leur intelligence.

Puis si l'école primaire est gratuite, le lycée ne l'est pas, et là l'enfant du pauvre se trouve arrêté par une barrière infranchissable. Je sais bien qu'il y a les bourses ; mais elles sont trop rares, et souvent un moment de timidité fera échouer au concours un excellent élève, tandis que des cancres hardis réussiront. Est-ce vrai, monsieur l'Instituteur ?

L'Instituteur. — Malheureusement. Aussi

je me suis toujours demandé pourquoi on ne faisait pas entrer en ligne de compte dans les concours, les places obtenues par l'élève pendant sa dernière année de classe et ses notes de conduite. C'est par l'ensemble de ces éléments qu'on arriverait à déterminer la valeur exacte d'un élève.

— Je suis entièrement de votre avis, et vous allez voir que c'est précisément ce qui se fera sous le régime socialiste.

En résumé, alors que le riche, avec son argent peut pousser son enfant jusqu'à l'enseignement supérieur, le pauvre n'arrive pas toujours à donner au sien une bonne instruction primaire.

Eh bien ! le socialisme détruira ce monstrueux privilège de la richesse. Il assurera la vraie égalité, la seule possible, celle du point de départ. Suivez-moi bien :

D'abord, naturellement, c'est l'Etat seul qui donne l'enseignement ; du moment où c'est lui qui est chargé de toute la production, il faut bien qu'il ait le droit exclusif de préparer comme il l'entend les jeunes gens à devenir des producteurs. J'ajoute que l'enseignement de l'Etat sera neutre ; il n'apprendra aux enfants ni à croire en Dieu ni à ne pas y croire ; il leur fera connaître les divers systèmes philosophiques et religieux et leur laissera le soin de choisir celui qu'ils préféreront lorsqu'ils seront hommes. Je vous expliquerai plus loin que le régime socialiste assurera la liberté de conscience et ne persécutera personne à cause de ses croyances ou de son incrédulité; mais je reviens à l'enseignement.

Tous les enfants, quelle que soit la situation de leurs parents, devront aller à l'école primaire; les fils du maçon y coudoieront ceux du Président de la République. J'espère que ce sera là de la pure démocratie! Et pour que la pauvreté des parents ne soit pas un obstacle, l'Etat, comme je vous l'expliquerai plus tard, prendra à sa charge la nourriture et l'entretien de l'enfant. Donc aucune raison pour ne pas l'envoyer en classe; l'instruction sera donnée à tous sans exception.

Vers l'âge de douze ans, au moment où les élèves passeront les examens du certificat d'études primaires, aura lieu entre eux un concours dans lequel on tiendra un large compte de leurs places et de leurs notes de l'année, ainsi que vous le disiez tout à l'heure, monsieur l'Instituteur. Les premiers lauréats de ce concours seront envoyés au lycée pour y continuer leurs études. A la sortie du lycée, nouveau concours passé dans les mêmes conditions, et dont les lauréats seront admis à recevoir l'enseignement supérieur. L'enseignement sera gratuit à tous les degrés, et les frais de nourriture et d'entretien des élèves seront à la charge de l'Etat.

De cette façon, les jeunes gens les mieux doués seront admis dans les lycées et dans les facultés; chacun recevra le degré d'instruction que comporte son intelligence, et la fortune des parents ne sera pas un avantage pour les enfants. En outre on ne laissera se perdre aucun de ces grands esprits inconnus qui, actuellement, s'atrophient dans l'ignorance et laissent la société privée des services qu'ils pourraient lui rendre. On opèrera un véritable drainage des capacités, et toutes seront utilisées selon leur degré de valeur. En un mot, tout au mérite, rien à la faveur, telle sera la règle de la société collectiviste.

L'Instituteur. — Ceci n'est pas seulement du socialisme, c'est de la bonne démocratie. Les radicaux mettaient jadis dans leur programme l'instruction intégrale. Pas plus sur ce point que sur tous ceux du vieux programme républicain leurs efforts n'ont abouti. Je vois bien, qu'en effet, rien ne peut se faire avec le régime actuel.

— C'est vrai ; il n'y a aucune réforme partielle possible. L'impuissance parlementaire est prouvée par plus de vingt années d'avortement. L'expérience a assez duré. Aujourd'hui le peuple doit comprendre que c'est en changeant le fond même de l'organisation sociale, en détruisant le règne du capital, qu'il mettra fin à ses misères.

L'Instituteur. — Dites-nous donc, maintenant, ce que deviendront les élèves des écoles qui n'auront pas obtenu les meilleurs numéros au concours.

— Tous ces élèves resteront jusqu'à quinze

ans à l'école primaire pour y acquérir, à défaut des hautes connaissances, supérieures à leur intelligence, les notions indispensables à tout citoyen. A leur sortie de l'école un nouveau concours aura lieu, toujours sur les mêmes bases ; les meilleurs sujets seront destinés à entrer dans les écoles professionnelles ou dans l'administration, les autres à débuter dans la vie comme journaliers ou domestiques.

Il en sera de même des élèves des lycées qui ne monteront pas dans l'enseignement supérieur. Eux aussi entreront dans les écoles professionnelles d'un rang plus élevé, dont ils sortiront instituteurs, architectes, contre-maîtres, directeurs agricoles, etc.

Enfin les élèves de l'enseignement supérieur termineront également leur instruction dans dés écoles professionnelles d'où ils sortiront médecins, ingénieurs, professeurs, etc.

La grande lacune de l'enseignement actuel c'est d'être presque exclusivement théorique ; les écoles d'application sont beaucoup trop rares et n'existent même pas dans bien des branches. Aussi vous voyez des masses de bacheliers, de licenciés, qui ne sont bons à rien et ne trouvent même pas à gagner trois francs par jour. Sous le régime socialiste au contraire, l'école professionnelle accompagnera partout l'école théorique à tous les degrés, et le jeune homme qui en sortira possédera à fond les connaissances nécessaires dans la carrière à laquelle il se destine. Il y aura donc des écoles professionnelles primaires, secondaires et supérieures. Parlons d'abord des primaires. L'enfant, sorti vers 15 ans de l'école communale, et classé par le concours dans la première série, aura le choix de sa profession. S'il se décide pour la carrière administrative il entrera dans les bureaux ou les magasins généraux comme surnuméraire; il y gagnera sa vie dès le début et, au bout de trois ans, passera employé de troisième classe. S'il préfère être agriculteur, il entrera à la ferme école du canton, y restera également trois ans et en sortira journalier de première classe, en attendant qu'on puisse lui donner un lot de culture. Enfin s'il veut être ouvrier d'industrie ou du bâtiment, il passera trois ans dans l'école professionnelle du métier qu'il aura choisi, et en sortira ouvrier de troisième classe. Les écoles professionnelles industrielles seront annexées aux usines similaires et les élèves prendront part à leurs travaux tout en complétant leur instruction sur les points spéciaux où elle aura besoin de l'être.

L'Instituteur. — Et comme vous nous l'avez dit dimanche dernier, le nombre des apprentis dans chaque profession sera limité par les besoins de la main-d'œuvre.

— Parfaitement, et de cette façon aucune carrière ne sera encombrée: chacun, en sortant de l'école professionnelle, aura une place assurée où il rendra des services en exerçant ses aptitudes réelles, et on ne verra plus cette armée de déclassés en quête d'un misérable emploi, si nombreuse aujourd'hui.

Inutile de parler des écoles professionnelles supérieures ; leur fonctionnement sera identique. Seulement les élèves qui en sortiront occuperont une situation plus élevée.

L'INSTITUTEUR. — Cela n'aura-t-il pas l'inconvénient de réserver les hauts emplois aux élèves de ces écoles et de les fermer complètement à ceux qui n'auront pas pu y entrer ?

— Pas complètement ; je vous ai dit qu'il n'y aurait pas de carrière fermée. Ainsi les contre-maîtres ne se recruteront pas seulement parmi les élèves des écoles professionnelles secondaires ; on y nommera aussi les ouvriers d'élite. De même les contre-maîtres pourront devenir ingénieurs, sans passer par les écoles supérieures. Le talent et le mérite trouveront toujours moyen de percer, soyez-en certain.

L'INSTITUTEUR. — Et les élèves les moins intelligents des écoles primaires, ceux qui auront été éliminés par les concours et débuteront, ainsi que vous l'avez dit, comme journaliers ou domestiques, comment réglera-t-on leur situation ?

— Ceux-là feront aussi une sorte d'apprentissage de trois ans, les uns chez des cultivateurs possesseurs de lots, les autres dans l'industrie, le bâtiment, etc. Ils recevront pendant ce temps un salaire suffisant pour leurs besoins. Puis ils deviendront journaliers de troisième classe et pourront s'élever plus haut si leur intelligence se développe et si le goût du travail leur vient.

Remarquez que la journée de travail sera courte, qu'il y aura partout des bibliothèques où chacun pourra puiser pour s'instruire et se distraire. Ceux qui resteront aux derniers rangs de l'échelle sociale seront donc bien seulement les cerveaux étroits ou les paresseux. Les autres pourront toujours rattraper le temps perdu et gagner un bon rang.

Ceux qui se sentiront le moins d'initiative et auront besoin d'être commandés se feront domestiques. Bref, chacun ira à la place qui lui convient.

L'INSTITUTEUR. — J'ai parfois rencontré des enfants ayant des dispositions exceptionnelles pour certains arts, comme la musique, le dessin. La plupart du temps, elles sont étouffées. Est-ce qu'on ne pourrait pas soigner ces vocations naissantes, les encourager et les suivre si elles persistent ?

— Je crois bien qu'on le fera ! Les artistes seront les enfants gâtés de la société collectiviste. Jamais on ne croira trop les encourager, les soutenir, les récompenser. Les jeunes élèves comme ceux dont vous parlez, monsieur l'Instituteur, seront d'abord envoyés dans les lycées où on leur fera suivre des cours spéciaux dans le sens de leurs aptitudes. Si leurs dispositions se confirment, ils iront ensuite dans des écoles de musique, de dessin, de gravure, de peinture, de sculpture, d'architecture. Sortis de ces écoles, s'ils ont continué à travailler, on leur fera une pension pour qu'ils puissent voyager pour perfectionner leurs talents en France et à l'étranger.

Cette pension leur sera servie toute leur vie. et de plus, à chaque œuvre qu'ils produiront, ils recevront des récompenses supplémentaires.

L'INSTITUTEUR. — Je vois qu'en effet ils ne seront pas à plaindre ; mais vous ne nous avez pas parlé des littérateurs, des poètes ? seront-ils aussi favorisés ?

— Pourquoi pas ? Eux aussi, lorsque leurs dispositions se seront manifestées dès l'âge scolaire, seront l'objet de soins spéciaux, envoyés dans des écoles de belles-lettres et pensionnés pour pouvoir voyager à l'étranger. De plus, leurs œuvres seront imprimées aux frais de l'État et mises en vente dans les librairies nationales. Le produit, déduction faite des frais d'impression, leur en sera versé.

L'INSTITUTEUR. — Et les journaux ?

— La presse sera entièrement libre. Quiconque voudra imprimer un journal versera le montant des dépenses du premier numéro, papier, composition, encre et tirage ; les imprimeries nationales lui tireront son journal au nombre d'exemplaires qu'il voudra, et ils seront mis en vente sans frais dans toutes les librairies et kiosques qu'il désignera. Le produit de la vente lui sera versé. Toutes les opinions pourront être défendues; on ne réprimera s'il y a lieu que les attaques diffamatoires et injurieuses contre les personnes, et les outrages à la morale. Dans ce dernier cas, on distinguera encore entre l'artiste consciencieux et l'entrepreneur de publications pornographiques; le premier sera ménagé et le second justement flétri.

M. MARTIN. — Vous ne nous dites pas ce qu'on fera pour les inventeurs. Ce sont les gens les plus utiles à une société: c'est grâce à eux que le progrès marche si vite. J'espère que vous ne les oublierez pas.

— Vous allez en juger: Une des rengaines favorites de nos adversaires, c'est qu'actuellement, l'initiative individuelle est libre, que chacun peut entreprendre ce qu'il veut, tirer parti de son esprit ingénieux, tandis qu'en régime socialiste, disent-ils, l'État réglera tout et rendra impossible les tentatives particulières. Par malheur, l'histoire est là pour prouver que sur dix inventeurs, neuf sont morts dans la misère; on peut tout entreprendre, soit; mais réussir, en présence de la concurrence de plus en plus formidable, puisque maintenant elle nous vient de toutes les parties du monde, c'est tout à fait différent. La plupart des idées sont étouffées avant de voir le jour; les autres échouent presque toutes après avoir végété quelque temps. Et c'est là ce qu'on appelle encourager l'initiative individuelle !

En régime socialiste, tout citoyen, sans exception, qui aura rendu un service à la société en sera largement récompensé. Je suppose qu'il s'agisse d'une invention nouvelle. L'inventeur la soumettra au bureau des inventions de son département où elle sera examinée par des ingénieurs compétents. Si elle est repoussée, il pourra la soumettre aux bureaux des autres départements, et il faut bien admettre que, si l'idée vaut quelque chose, il se trouvera un bureau pour la comprendre. Le dossier sera alors transmis au bureau central de Paris qui, après s'être assuré qu'il s'agit bien réellement d'une invention, fera construire l'objet inventé et en enverra quelques spécimens aux industries qu'il intéresse. S'il est bien accueeli, on continuera la fabrication selon les besoins. Dans tous les cas, l'inventeur dont l'idée aura été accueillie touchera une prime; il touchera de plus une redevance sur le nombre de ses appareils livrés à la consommation. Il sera donc bien récompensé selon l'importance de sa découverte.

Dans le cas où aucun bureau ne se montrerait favorable à son idée, il n'y aurait rien de perdu pour lui, car il se retrouverait précisément dans la situation qui lui est faite par la société actuelle ; il aurait à faire des expériences à ses frais et finirait toujours par réussir si son invention avait de la valeur.

Etes-vous satisfait, monsieur Martin ?

M. Martin. — Je suis plus que satisfait, Monsieur, je suis émerveillé de voir comment le régime socialiste apporte dans toutes les questions la simplicité et la justice. Ce qui paraît impossible dans la société actuelle se résout grâce à lui de la façon la plus naturelle. Vraiment je me faisais une autre idée du socialisme et à l'avenir je serai du nombre de ses plus dévoués défenseurs.

Tous. — Nous aussi.

— Je suis heureux de votre approbation, mes amis; mais vous ne connaissez encore pas tout. Dimanche prochain, je vous apprendrai bien d'autres choses intéressantes.

—

L'assistance aux faibles et l'hygiène publique

Souffrances des déshérités. — La lutte pour la vie. — La société capitaliste ne fait rien pour les malheureux. — Le socialisme supprime la pauvreté. — Veuves, orphelins, vieillards, filles-mères, malades, blessés, infirmes, chômeurs. — Indemnités pour les pertes accidentelles. — Suppression de l'alcoolisme, de la tuberculose et des maladies contagieuses. — Pureté des aliments. — Salubrité des logements et ateliers.

— Vous nous avez dit, monsieur Martin, que vous receviez un journal, et par conséquent, vous le lisez régulièrement ?

— Très régulièrement, Monsieur.

— Est-ce que vous n'avez pas été frappé d'y voir toutes les semaines, et souvent plusieurs fois par semaine, que des familles entières se suicident parce qu'elles ne peuvent plus supporter le degré de misère auquel elles sont réduites ?

M. Martin. — Ne m'en parlez pas, Monsieur. Chaque fois que j'apprends un de ces horribles drames, j'en ai l'âme toute retournée. Le pain que je mange me semble amer quand je songe qu'il y a de pauvres gens qui meurent de faim.

— Ne vous êtes-vous pas dit qu'en outre

des infortunés qui cherchent dans une mort volontaire la fin de leurs souffrances, il en est un bien plus grand nombre qui supportent leur fardeau jusqu'au moment où il les écrase, et dont la mort, naturelle en apparence, est en réalité causée par l'excès du travail et des privations ?

M. MARTIN. — Oh si ! bien certainement !

— Et trouvez-vous, mes amis, qu'une société civilisée comme la nôtre remplit tous ses devoirs quand elle n'empêche pas de pareilles monstruosités ?

TOUS. — Non ! non !

— En les laissant s'accomplir, la société capitaliste est cependant fidèle à son principe qui est non seulement *chacun pour soi*, mais *chacun contre autrui*. Je n'exagère rien : un illustre savant anglais, Darwin, a découvert que la lutte pour la vie était une loi naturelle, c'est-à-dire que les plus forts doivent manger les plus faibles. C'est très vrai pour les animaux qui ne sont que des brutes et suivent leurs instincts. Eh bien, nos philosophes et économistes bourgeois trouvent que ça doit se passer de même entre les hommes. Chacun doit conquérir sa nourriture, son vêtement et son gîte sur ceux qui l'approchent, par ruse ou par force. Tant pis pour les faibles ! Ils sont renversés, piétinés, écrasés dans la mêlée ; les solides et les malins arrivent seuls à avoir leur part dans la distribution. Mais précisons davantage.

Un père de famille meurt, laissant une veuve et plusieurs enfants. Que fait la société pour nourrir toute la nichée? Rien. C'est à la pauvre mère de chercher du travail, si difficile à trouver, si pénible et si peu payé, pour empêcher ses enfants de mourir de faim.

Un vieillard a travaillé toute sa vie; il est à bout de forces; on le repousse de tous les chantiers. Que fait la société pour lui? Rien.

Une fille fait une faute. Elle devient mère. Il lui est presque toujours impossible de travailler et de soigner son enfant à la fois. Que fait la société pour elle? Rien.

Un ouvrier tombe malade ou se blesse. Quand il se portait bien, son maigre salaire suffisait bien juste aux besoins de sa famille. Il ne gagne plus rien et doit de plus supporter des frais de médecins et de médicaments. Que fait la société pour lui et les siens? Rien.

Un ouvrier valide ne trouve plus de travail malgré toutes ses recherches. Que fait la société? Rien.

Il perd par accident l'usage de ses yeux ou de l'un des membres, ou devient impropre au travail. Que fait la société? Rien.

Les mêmes infirmités peuvent venir de naissance. Que fait la société pour les infirmes? Rien.

Un incendie, une inondation, un orage, un malheur quelconque ruine des familles et les laisse sans ressources ou avec des ressources réduites. Que fait la société ? Rien.

Je sais bien qu'il y a, pour venir à l'aide des malheureux, l'assistance publique, la charité privée. Loin de moi l'idée d'en méconnaître les bienfaits. Si elles n'existaient pas, les pauvres mourraient de faim par milliers. Mais outre qu'elles infligent l'humiliation en apportant le secours, et que par suite les âmes fières se refusent à rien accepter d'elles, il est bien certain que beaucoup de misères leur échappent, et qu'elles sont loin de soulager complètement celles qu'elles connaissent. L'assistance publique donnera quelques livres de pain par semaine à une veuve chargée de plusieurs enfants. Ça vaut mieux que rien ; mais ce n'est pas assez, à beaucoup près. Si la pauvre famille ne meurt pas complètement de faim, elle supporte les plus cruelles privations.

RIFLARD. — Tout ce que vous dites est bien vrai, Monsieur. On s'en rend moins compte dans les campagnes où il faut peu de chose pour vivre ; mais moi, qui ai habité Paris, je sais ce que c'est que la misère.

— Eh bien, voyons maintenant ce qui se passera sous le régime socialiste. Vous vous souvenez bien, n'est-ce pas, de l'un de nos précédents entretiens ? Je vous ai démontré qu'en supprimant les emplois inutiles et en employant dans l'agriculture, l'industrie et tous les travaux en général, les machines et procédés scientifiques perfectionnés, l'Etat

socialiste arriverait facilement à produire beaucoup plus de pain, de viande, de vin, de vêtements, d'ameublements, d'objets d'utilité et de
luxe, qu'on n'en produit actuellement, de sorte
qu'il sera possible d'assurer à tous le nécessaire. Vous allez voir maintenant l'usage qu'on
en fera.

D'abord les femmes qui travailleront gagneront la même journée que les hommes, à classe
correspondante.

Puis les femmes mariées et les filles-mères
seront dispensées du travail et toucheront la
même journée que si elles travaillaient, sans
que, pour les femmes mariées, cette journée
puisse être inférieure à la moitié du salaire du
mari.

A chaque enfant qui naîtra, ses parents recevront une augmentation de salaire très suffisante pour pourvoir aux dépenses supplémentaires qu'ils auront à supporter. Les grandes
familles ne seront donc plus une charge.

Les enfants orphelins de père et de mère,
ou abandonnés, ou dont la garde aurait été re-
tirée à leurs parents pour cause d'indignité,
seront placés sous la tutelle de l'Etat et con-
fiés à des familles honorables qui les élèveront,
et recevront naturellement une indemnité pour
cela ; des inspecteurs s'assureront qu'ils ne
manquent de rien et sont bien traités.

Jusqu'à la sortie des écoles, soit qu'il n'ait
pas dépassé l'enseignement primaire, soit qu'il
ait été admis dans l'enseignement secondaire

et supérieur, l'enfant sera nourri et entretenu aux frais de l'Etat.

Devenu apprenti, il recevra un salaire suffisant pour subvenir à ses besoins.

Vous voyez donc que les enfants et les femmes seront protégés comme leur faiblesse l'exige, et vous comprenez de vous-mêmes que dans ces conditions la population de la France s'augmentera rapidement, que les mères étant dispensées du travail et pouvant se consacrer aux soins de leurs enfants, ceux-ci, bien soignés et bien nourris, deviendront robustes. Au lieu d'aller en s'affaiblissant, notre race reprendra sa vigueur. Du reste vous verrez dans un moment que l'organisation socialiste fera disparaître toutes les causes de dépérissement de l'humanité.

Passons aux vieillards : parvenu à un âge qui sera sans doute de 55 ans au début, mais qui s'abaissera sûrement par la suite, tout homme qui aura travaillé aura droit à sa retraite. Il touchera alors une pension viagère ; non pas une misérable pension, comme celle qu'on accorde actuellement aux employés de l'Etat ou des chemins de fer, et à l'aide de laquelle ils ne peuvent, la plupart du temps, subvenir même à leurs besoins stricts, mais une pension égale au salaire qu'il recevait quand il a cessé de travailler. Il n'aura donc aucune privation à s'imposer sur ses vieux jours.

Les infirmes de naissance recevront une pension égale à celle d'un journalier de troisième classe ; si leur état l'exige ou s'ils le désirent, ils seront recueillis dans des asiles où ils seront abondamment pourvus de toutes choses utiles à la vie.

Les infirmes par accident recevront une pension égale à ce qu'ils gagnaient quand l'accident est arrivé.

Les malades et les blessés seront soignés gratuitement, soit à leur domicile, soit dans les hôpitaux, à leur choix. Non seulement ils n'auront rien à payer pour les soins médicaux et les remèdes, mais ils toucheront leur salaire comme s'ils travaillaient.

Je vous ai expliqué qu'en principe il n'y aurait jamais de chômage. Cependant s'il s'en produisait, par suite d'une négligence ou d'une circonstance exceptionnelle, l'ouvrier toucherait le même salaire que s'il continuait à travailler.

Enfin, si par une cause accidentelle quelconque, vol, incendie, grêle, inondation, foudre, etc., etc., une personne est privée de tout ou partie de son avoir, la société l'indemnise intégralement de la perte qu'elle a subie.

Voilà, mes amis, comment le socialisme appliquera ce noble principe de la solidarité qui, jusqu'à présent, est resté lettre morte. Faites la comparaison entre ce qui se passe actuellement et ce que nous voulons mettre à la place et dites quel régime est le meilleur !.....

L'Instituteur. — C'est admirable ! Avant de

vous avoir entendu, j'aurais considéré comme utopique la conception d'une société dans laquelle personne ne manquerait du nécessaire. Je vois bien maintenant que c'est la conséquence certaine du socialisme. Le mot *Fraternité* inscrit sur nos monuments ne sera donc plus vain !

— Le socialisme ne borne pas son rôle bienfaisant à assurer à tous les êtres humains la satisfaction de leurs besoins ; il va plus loin et, comme vous allez le voir, il fait disparaître toutes les causes évitables de la souffrance.

Nous avons parlé tout à l'heure des pauvres gens qui ne mangent pas leur content. Inutile d'ajouter que leur santé en souffre et peut s'altérer profondément. Il y en a d'autres dont la santé souffre parce qu'ils mangent trop ; mais c'est tant pis pour eux, et la société n'a pas à s'occuper des indigestions. Ce dont elle doit s'occuper, c'est de l'excès dans la boisson, et de l'alcoolisme qui en est la conséquence.

Vous ne connaissez guère l'alcoolisme dans votre pays, mes amis. Mais si vous aviez vécu dans les grandes villes et dans certaines régions comme la Normandie, le Nord, les Vosges, vous sauriez ce que c'est que ce hideux fléau. Si l'alcoolisme se bornait à tuer ceux qui s'y livrent, ce ne serait que demi-mal ; mais il atteint aussi leurs enfants qui sont des dégénérés, des fous. Il étend ses ravages dans le monde entier, et tout ce qu'on a essayé contre lui est resté vain. C'est la plupart du temps parce que la vie est trop dure pour l'ouvrier qu'il se laisse aller à boire. Quel plaisir a-t-il dans sa mansarde, où il gèle l'hiver et grille l'été, entouré de sa femme et de ses enfants qui manquent de tout, et ne cessent de lui rappeler sa misère. Il va se distraire ailleurs ; le cabaret l'attend et il oublie sa raison au fond du verre. Si encore le malheureux ne buvait que du vin, de l'alcool exempt d'impuretés, il se détruirait moins la santé. Mais c'est du poison, du vitriol qu'il absorbe. En peu d'années, il succombe.

Sous le régime socialiste, l'ouvrier bien nourri, bien vêtu, bien logé, l'esprit tranquille, sûr que lui et sa nichée ne manqueront jamais du nécessaire, reprendra goût à la vie. Au poison des assommoirs, il préférera le bon vin qu'il boira en famille. Ce vin, fabriqué dans de vastes chais, où les vignerons des environs apporteront leur vendange, sous le contrôle des inspecteurs de l'hygiène publique, et qui sera vendu par l'Etat sous la surveillance des mêmes fonctionnaires, sera du pur jus de raisin. Il ne fera pas de mal, même si on en abuse un peu. Il se vendra très bon marché et chacun pourra en boire son content. Il en sera de même pour la bière, le cidre et toutes les boissons hygiéniques. Quant à l'alcool, il sera également fabriqué par l'Etat et sera d'une pureté parfaite, ce qui le rendra beaucoup moins dangereux. De plus, on le vendra très cher, ce qui empêchera l'ouvrier d'en abuser. De cette façon, l'alcoolisme disparaîtra complètement.

L'INSTITUTEUR. — Il serait bien à désirer que tous les aliments soient à l'avenir aussi purs et aussi sains que sera le vin. J'ai lu dernièrement un livre sur les fraudes alimentaires. C'est à faire frémir, à ne plus rien oser manger ni boire, du moins quand on a le malheur d'habiter la ville et surtout de n'être pas riche !

— C'est la conséquence du régime capitaliste ; chacun recherche le profit par tous les moyens, même en empoisonnant ses semblables. Mais rassurez-vous : sous le régime socialiste, tout sera fabriqué par l'Etat, qui n'aura aucun intérêt à falsifier les aliments. Et pour le cas où quelques chefs de service négligents fabriqueraient de mauvaises denrées, les contrôleurs de l'hygiène seront là pour les arrêter au passage. C'est peut-être au point de vue de la santé publique que le collectivisme donnera les plus magnifiques résultats. Il fera disparaître radicalement les maladies — si nombreuses — qui résultent de la falsification des aliments.

Père Antoine, combien avez-vous de vaches ?

LE PÈRE ANTOINE. — J'en ai six, Monsieur.

— N'en avez-vous jamais eu de malades ?

LE PÈRE ANTOINE. — Oh ! souvent, Monsieur.

— Qu'en avez-vous fait ?

LE PÈRE ANTOINE. — La première fois que j'en ai reconnu une malade, je l'ai menée à la foire. Un vétérinaire l'a vue ; il l'a fait abattre et enterrer. Ça m'a fait une perte de trente pistoles. Depuis ce temps-là, je m'entends avec un boucher de la ville qui achète à meilleur marché mes bêtes malades, les abat chez moi et les rentre chez lui la nuit, en cachette.

— Savez-vous bien, père Antoine, que ceux qui mangent de cette viande, si elle n'est pas très cuite, peuvent devenir poitrinaires ?

LE PÈRE ANTOINE. — Vraiment, Monsieur, vous m'effrayez ! Je ne voudrais faire de mal à personne ; pourtant, c'est bien malheureux de perdre des 2 à 300 francs et plus, quand on n'est pas riche.

— Eh bien ! sous le régime socialiste, quand vous aurez des animaux tuberculeux, on les abattra pour les enfouir ; mais on vous indemnisera de votre perte.

Vous n'avez pas idée, mes amis, de ravages de la tuberculose et de la facilité avec laquelle elle se transmet, soit par la viande, soit par le lait. On prend bien quelques précautions ; mais l'intérêt personnel sait toujours les déjouer ; vous venez de l'entendre avouer par le père Antoine. Du moment où on indemnisera les cultivateurs, ils laisseront sans difficulté abattre et enfouir les bêtes malades. Des inspections vétérinaires continuelles, dans les étables, dans les abattoirs et dans les boucheries, permettront de rejeter de la consommation toute la viande malsaine. Quant au lait, il sera soumis à des analyses fréquentes, ce qui sera facile, puisqu'il sera apporté dans les magasins généraux avant d'être livré à la vente. De cette façon, on arrachera à la tuberculose des milliers de victimes.

L'INSTITUTEUR. — Puisque nous parlons hygiène, Monsieur, n'y a-t-il pas quelque chose à faire au sujet des logements insalubres?

— C'est une des questions les plus importantes. Dans les campagnes, le nombre des maisons à moitié enfoncées en terre, humides, privées d'air et de lumière, est considérable, et certes, la santé de leurs habitants s'en ressent fâcheusement. Mais le bon soleil, le bon air des champs atténuent beaucoup le mal. Dans les grandes villes, où l'ouvrier ne quitte son taudis infect que pour entrer dans un atelier souvent plus malsain, la vie n'est pas possible. Là, la statistique révèle des maux effrayants. A Paris, à Londres, à New-York, c'est par milliers, par centaines de milliers que de malheureuses familles ouvrières de 5 à 6 personnes n'ont pour se loger qu'une seule pièce; parfois cette pièce est une mansarde et parfois c'est une cave ! Oui, il y a des caves horribles où s'entassent pêle-mêle le père, la mère et les enfants. C'est à faire dresser les cheveux sur la tête !

L'Etat socialiste mettra un terme à ces abominations. D'abord il logera tous ces misérables dans les locaux inoccupés et dans ceux des maisons de gros, banques, commissionnaires, etc., en un mot tous les métiers devenus inutiles. Puis il remplacera les masures sombres et humides par de belles maisons, où l'espace et l'air ne seront pas mesurés. Les plus modestes manœuvres auront un logement sain et spacieux. Il en faudra, des maçons ! mais vous n'oubliez pas que l'Etat socialiste disposera d'une main-d'œuvre à peu près indéfinie.

On démolira les vieux quartiers des grandes villes, où le soleil arrive à peine au fond des des rues étroites et tortueuses. On percera partout de larges avenues, on établira des squares, des parcs. Bref, ce sera une transformation complète.

Le père Chanudet. — Vous avez parlé tout à l'heure, Monsieur, des ateliers souvent plus malsains que les logements. C'était très juste ; j'en ai vu beaucoup, moi, et je puis en causer. Est-ce que le socialisme les conservera tels qu'ils sont ?

— Certainement non. Le travail peut être malsain, d'abord parce qu'il dure trop longtemps ; je vous ai dit que le socialisme réduirait la durée de la journée à quelques heures seulement. Il peut être malsain aussi parce que les ateliers manquent d'air et de lumière : le capital aime mieux sacrifier la santé des ouvriers que de faire de grandes dépenses d'installation. D'autant plus que la concurrence concentre les ateliers dans les grandes villes où le terrain est très cher. L'Etat socialiste les transportera tous à l'extérieur, où ils seront vastes, bien aérés, bien éclairés. Enfin il arrive souvent que les ouvriers ont à souffrir du voisinage du feu et de l'absorption par la respiration de substances toxiques. A tous ces inconvénients, la science a trouvé des remèdes. Mais chaque remède entraîne une dépense. Le capitaliste, talonné d'ailleurs par la concurrence, aime mieux sacrifier la santé des ouvriers. L'Etat socialiste prendra, coûte que coûte, toutes les précautions nécessaires pour que les ouvriers soient entièrement préservés, et quand il le faudra, il diminuera encore le nombre des heures de travail pour les industries dangereuses. Dans aucun cas donc, le travail ne sera une menace pour la santé des ouvriers.

En dehors de l'alimentation, de l'habitation et des conditions du travail, bien d'autres causes influent sur la santé publique. La prostitution a des conséquences funestes, non seulement pour les malheureuses qui s'y livrent, mais souvent pour ceux qui ont des rapports avec elles. La prostitution a pris un développement extraordinaire, et comment en serait-il autrement quand la femme, même en travaillant, n'arrive pas à gagner sa vie? Neuf fois sur dix, c'est le besoin qui y jette l'ouvrière découragée. Or, sous le régime socialiste, la femme, soit en travaillant, soit comme dispensée de travailler, aura toujours sa subsistance largement assurée. La prostitution disparaîtra donc à peu près complètement, et avec elle les hideuses maladies qu'elle propage. N'oublions pas que ces maladies frappent non seulement celui qui les a contractées directement, mais ses enfants, et qu'elles contribuent dans une large mesure à la dégénérescence de la race. Les éviter, ce sera donc rendre la vigueur et la santé à l'humanité épuisée.

Mais ce n'est pas seulement dans la débauche qu'il faut chercher des causes d'affaiblissement de la santé publique. On en trouve d'aussi fortes dans l'institution morale et honnête par excellence, dans le mariage. J'entends le mariage tel qu'il est pratiqué dans la société capitaliste. La peur de manquer de moyens d'existence, qui talonne tout le monde, surtout au moment de se créer une famille et d'accroître ses dépenses, porte tout naturellement les futurs époux et leurs parents à se préoccuper de leurs fortunes réciproques plus que de leurs personnes. On passe sur toutes les tares physiques et morales quand le conjoint est riche. C'est ainsi que se font les unions mal assorties, des jeunes avec des vieux, des bien portants avec des maladifs. L'homme, qui sait d'avance qu'il se résignera un jour à prendre une fille laide mais bien dotée, retarde le plus possible ce moment fatal, et en attendant, use sa jeunesse dans les excès, de sorte qu'il apporte en se mariant une santé ruinée et engendre des enfants chétifs.

Sous le régime socialiste, les jeunes gens, privés des plaisirs faciles qu'ils trouvent dans la prostitution, se marieront de bonne heure ; d'autant plus que la femme qu'ils prendront et les enfants qui pourront survenir ne seront plus une charge pour eux. Il n'y aura plus de dots, et par conséquent on recherchera exclusivement les qualités de corps, de cœur et d'intelligence. Chacun se mariera donc avec l'être qui lui plaira, qu'il aimera, et il est facile de comprendre que les enfants provenant de telles unions seront plus sains que ceux qui sont le fruit des unions actuelles.

Ainsi le socialisme modifie et purifie tout. Il apporte la régénération physique et morale de l'humanité.

L'instituteur. — C'est admirable.

— Pour en finir avec cette question intéressante de l'hygiène publique, il me reste à vous parler des mesures à prendre pour faire disparaître graduellement les maladies épidémiques. Ce n'est, remarquez-le bien, qu'une question de dépenses, car la science a découvert les moyens de lutter victorieusement contre le mal ; il suffit de suivre ses prescriptions ; mais la société capitaliste ne peut pas les suivre complètement, car les ressources lui manquent. La société collectiviste, au contraire, ne l'oubliez pas, disposera d'une main-d'œuvre presque indéfinie et rien ne l'arrêtera dans sa marche vers le bien.

Elle alimentera les villes et les villages d'eau bien pure ; elle évacuera rapidement les vidanges et tous les détritus susceptibles de se putréfier, au moyen de bons systèmes d'égouts qui, en même temps, avec quelques drainages, feront disparaître l'humidité du sol là où elle existe ; elle détruira les vieilles rues étroites, les maisons sombres et malsaines et les remplacera par de larges artères bien bâties ; chaque fois qu'une maladie contagieuse sera signalée, le malade sera isolé et tout ce qui l'aura entouré sera désinfecté ; les tuberculeux seront soignés dans des *sanatoria* parfaitement installés, sous un climat doux ; des établissements de bains et d'hydrothérapie publics et gratuits seront créés partout. Bref on parviendra à éviter presque toutes ces morts prématurées qui jettent le deuil dans un si grand nombre de familles.

Qu'est-ce que vous dites de tout cela, mes amis ?

Le Père Antoine. — Si tout se réalise comme vous nous l'expliquez, Monsieur, il n'y aura pas besoin de mourir pour aller au Paradis. On le trouvera sur la terre.

— Cela dépend de vous, père Antoine, de vous et de tous les travailleurs. Sachez donc comprendre et vouloir. Votre avenir est entre vos mains.

Questions diverses. — Conclusion

DIMINUTION DE LA CRIMINALITÉ. — PLUS DE PROCÈS ! — UTILISATION DES FORCES NATURELLES POUR REMPLACER LA VAPEUR. — CONTROLE DES FONCTIONNAIRES ET DES PRODUITS. — DÉSARMEMENT UNIVERSEL. — ÉVENTUALITÉ D'UN CONFLIT ENTRE LA FRANCE SOCIALISTE ET LES AUTRES NATIONS RESTÉES CAPITALISTES. — MAGNIFIQUE AVENIR ASSURÉ PAR LE SOCIALISME.

— J'ai achevé, mes amis, de vous faire connaître dans ses grandes lignes ce qu'est le socialisme. Il reste beaucoup de détails dont je n'ai pas parlé; mais ce n'est pas un cours complet que vous attendiez de moi et que je voulais vous faire. Ceux d'entre vous qui voudraient s'instruire plus à fond n'auront qu'à lire nos livres de doctrine et de propagande. Cependant si, sur quelques points, votre curiosité n'est pas satisfaite, je suis prêt à répondre aux questions que vous pouvez me poser.

BLAISOT. — Ma foi, Monsieur, je vais profiter de la permission ; vous nous avez un peu parlé de la justice et des hommes de loi. Je voudrais bien savoir comment tout cela fonctionnera sous le gouvernement socialiste.

— Est-ce que vous les aimez beaucoup, ami Blaisot, tous ces gens habillés de noir, juges, avocats, avoués, huissiers, etc.

BLAISOT. — Ma foi non, Monsieur. Ce sont des parasites qui grugent le travailleur sous prétexte de le protéger. Mais jusqu'à présent on n'a pas trouvé moyen de les supprimer.

— Eh bien, soyez tranquille. Le socialisme les supprimera presque tous, ainsi que je vous l'ai dit. Vous allez comprendre combien ce sera facile.

Vous savez d'abord qu'il y a deux justices ; la justice criminelle et la justice civile. Croyez-vous qu'il y aura beaucoup de voleurs et d'assassins quand il n'y aura plus de misère, quand chacun, moyennant un travail modéré, pourra se faire une situation honorable dans la société ?

BLAISOT. — Certainement non.

— Ajoutez qu'il n'y aura plus d'alcooliques, et vous savez que l'alcoolisme est reconnu comme l'auteur de la plupart des crimes qui n'ont pas l'intérêt pour mobile. Quant à ces malheureux *roulants*, qui sont le gibier habituel de la police correctionnelle, les meilleurs rentreront dans la société régulière, les plus dangereux seront envoyés dans les colonies. L'ignoble engeance des souteneurs n'existera plus quand il n'y aura plus de prostituées. Prenez toutes les catégories de malfaiteurs et vous verrez qu'elles disparaîtront à peu près complètement sous le régime collectiviste.

Passons aux procès civils ; ils n'auront plus de raison d'être dans neuf cas sur dix. S'il survient une difficulté entre deux voisins pour

un mur mitoyen, un fossé d'irrigation, un bor-
nage, elle sera réglée immédiatement et sans
frais par une commission arbitrale composée
du maire, du directeur agricole et d'un conseiller municipal. Il n'y aura plus de contrats
de mariage, plus de prêts par obligations hy-
pothécaires ou par billets. J'avais oublié de
vous dire que l'État prêterait lui-même de l'argent sans intérêts à tout citoyen qui en aurait
besoin dans des circonstances données. Il ne
sera pas défendu de prêter de l'argent, avec
ou sans intérêts mais si le débiteur est de
mauvaise foi, le prêteur ne pourra exercer de
poursuites contre lui ; il n'y aura donc plus de
commandements ni de saisies. Comme il n'y
aura plus de commerçants, il n'y aura plus de
tribunaux de commerce, plus de traites, de
billets à ordre, de protêts, de faillites; comme
il n'y aura plus de patrons, il n'y aura plus de
conseils de prud'hommes.

Le partage des successions se fera gratuitement devant le maire; cependant elles pourront donner lieu à quelques contestations qui
seront jugées par les tribunaux.

En somme vous voyez qu'on n'aura presque
plus besoin des magistrats. Un tribunal par
département et une cour d'appel pour la France
entière suffiront donc amplement pour les rares
causes correctionnelles ou civiles qui néces-
sitent leur intervention. Les parties présente-
ront leurs explications elles-mêmes : donc
plus d'avocats; il n'y aura plus de procédure,

donc plus d'avoués ni d'huissiers. Tous nos gros codes, avec les ramas de bouquins de doctrine et de jurisprudence qui les accompagnent, seront réduits à une centaine de pages. L'ère de la chicane sera close.

Tous. — Bravo! Bravo!

Farinet. — Monsieur, j'ai pensé à ce que vous nous avez dit au sujet du remplacement du travail à la main par le travail mécanique. C'est magnifique; mais avez-vous pensé à la quantité de charbon qu'il faudra pour alimenter toutes ces chaudières, surtout quand les chemins de fer, tramways pénétreront partout? J'ai entendu dire que nos mines de charbon s'épuisaient, quoique l'on emploie beaucoup de charbon anglais et belge.

— Votre observation est sérieuse, mon cher Farinet; mais heureusement le danger de manquer de charbon est encore lointain, et d'ici à ce qu'il devienne pressant, on aura certainement trouvé le moyen de se passer de charbon.

Vous savez tous combien l'usage de l'électricité tend à se répandre. Pour faire de l'électricité il faut une force motrice, soit une machine à vapeur, soit une roue hydraulique. Or quand on a la machine à vapeur ou la roue hydraulique on n'a pas besoin d'électricité pour faire marcher les machines d'une usine. Mais l'électricité a un immense avantage c'est de pouvoir se diviser, se transporter, soit par des fils conducteurs, soit dans des récipients nommés accumulateurs. De cette façon, on peut prendre sa force où elle est et l'utiliser où l'on veut. La science électrique marche à pas de géant; le moment est très proche où ce transport de l'énergie électrique s'effectuera sans difficulté ni déperdition. Le gouvernement socialiste aura un ministère spécial, le ministère des forces, qui aura pour mission d'étudier sans cesse les moyens de produire la force et de l'utiliser. Les plus éminents ingénieurs dirigeront leurs études vers ce but; ils auront tout à leur disposition pour les y aider; ils l'atteindront très vite. Leur objectif sera de recueillir les forces naturelles, de les transformer en électricité et d'arriver à actionner toutes les machines, à éclairer et à chauffer tout le monde sans avoir besoin de charbon. Dites-moi, Farinet, la roue de votre moulin emploie-t-elle toute l'eau de la rivière?

Farinet. — Pendant les étés secs, oui, Monsieur; mais le reste du temps je perds dix fois plus d'eau qu'il n'en passe sous ma roue.

— Et la nuit, quand vous ne travaillez pas?

Farinet. — Toute l'eau s'écoule inutilement.

— Ne croyez-vous pas qu'on pourrait installer sur la rivière plus de moulins qu'il n'y en a?

Farinet. — Trois ou quatre fois plus, Monsieur.

— Vous voyez, mes amis, combien il y a là de forces perdues. Et encore votre rivière est une des mieux utilisées. Il en est dont toute la puissance motrice reste inactive. Les torrents des Alpes, du Dauphiné et de la Savoie, qu'on commence à faire travailler, peuvent fournir des millions de chevaux-vapeur de plus.

Sous le régime socialiste, pas un cheval-vapeur ne sera perdu. Un système complet de digues, de barrages, de roues, de turbines, recueillera toute la force des cours d'eau, et cette force, transformée en électricité, sera envoyée aux usines qui en auront besoin. Des moteurs à air, installés sur tous les points où le vent est vif, chargeront des petits accumulateurs pour les tramways et voitures électriques. Mais il y a mieux ; le grand réservoir de la force : c'est la mer. Depuis un siècle, l'ingénieur Philippe de Girard a trouvé moyen de recueillir la force produite par le choc des vagues. Celle des marées peut l'être également. Mais la société collectiviste sera seule assez riche pour faire le long des côtes les immenses travaux que nécessitera la réception de ces forces. Vous voyez, ami Farinet, que les moyens de se passer de charbon ne manqueront pas.

M. Martin. — La France socialiste aura-t-elle des colonies ?

— Certainement, et elle en tirera bon parti, je vous en réponds. Actuellement, malgré l'extension de notre domaine colonial, nous sommes forcés d'acheter à l'étranger une foule de produits que nous pourrions très bien tirer de nos colonies. Les capitalistes privés ne le tentent guère parce qu'ils n'aiment pas à risquer leur argent aussi loin sans être sûrs de gros bénéfices. Mais l'Etat socialiste n'hésitera pas. Il emploiera dans les colonies la main-d'œuvre indigène et y enverra l'excédent de la main-d'œuvre de la métropole. Tous les jeunes gens à l'esprit aventureux s'engageront volontairement pour aller travailler aux colonies, où ils gagneront de bons salaires sans être astreints à un travail excessif.

On défrichera, on plantera, on exploitera les richesses minérales et forestières, on fera des routes, des chemins de fer, on créera des villages. Sous l'impulsion énergique de l'Etat socialiste, nos colonies deviendront la source d'immenses richesses au lieu d'être un fardeau ruineux comme aujourd'hui.

L'Instituteur. — Je suis entièrement convaincu par vos explications et loin de moi la pensée de critiquer. Cependant dans toutes vos institutions, dont l'ensemble est si admirable, ne supposez-vous pas trop de bon vouloir, trop de désintéressement, trop d'esprit de justice chez les hommes qui seront chargés de les appliquer ? N'arrivera-t-il pas que vos chefs de service, vos fonctionnaires de tout ordre se montreront inintelligents, durs, injustes, parfois même disposés à abuser de leur autorité pour spolier la masse ? Le régime socialiste deviendrait alors plus tyrannique et plus intolérable que le régime capitaliste.

— Voilà une question qui dénote une connaissance exacte de la nature humaine. Mais soyez tranquille; elle a été prévue et résolue. D'abord une observation : les abus dont vous parlez ne pourraient jamais qu'être le fait d'individus isolés; il n'y a pas de raison pour qu'ils se généralisent puisqu'il n'y aura pas opposition d'intérêts entre les chefs et les subalternes; sous le régime actuel au contraire, en raison de la concurrence, le patron le plus humain est forcé d'exploiter ses ouvriers. Il est donc excessif de dire que le régime socialiste serait plus intolérable que le régime capitaliste; il ne pourra jamais l'être autant. Mais vous allez voir qu'il ne le sera pas du tout.

Pour prévenir tous les abus, un double contrôle sera institué. D'abord chaque service se contrôlera lui-même, par des inspecteurs spéciaux, qui seront tout à fait indépendants du personnel et rendront compte au ministre. Comme le ministre sera responsable des fautes qui pourraient être commises dans son département, il aura tout intérêt à se montrer vigilant. Mais il y aura un contrôleur plus efficace encore, ce sera le public, Monsieur Tout le Monde, celui qui sera le plus intéressé à ce que les divers services fonctionnent convenablement.

Chaque conseil municipal, chaque conseil général, ainsi que la Chambre des députés,

nommera une commission de contrôle, chargée de recevoir les plaintes des citoyens contre les fonctionnaires qui manqueraient à leur
devoir, et contre la qualité des produits livrés
à la consommation. Supposons que, dans votre
commune, la boulangerie livre de mauvais pain.
Les mécontents s'en plaignent à la commission
municipale. On fait une enquête et on punit
le chef boulanger en le faisant descendre de
grade. Même cas pour un ouvrier victime de
l'arbitraire d'un chef. Pour les cas importants,
les plaintes seront transmises à la commission
du conseil général et à celle de la Chambre
des députés qui agira sur le ministre et, si
elle n'obtient pas satisfaction, portera la question à la tribune. Ainsi, le suffrage universel
tiendra tous les fonctionnaires sous sa surveillance permanente, et je vous garantis
que, sentant l'œil du maître toujours ouvert,
ils se garderont de commettre des négligences
ou des excès.

L'INSTITUTEUR. — Je crois comme vous que
ce système de contrôle sera irréprochable. Je
n'ai plus qu'une question à vous adresser.
Quelle sera la situation politique extérieure de
la France socialiste ? Conservera-t-elle son armée et sa marine de guerre ?

— Les déclarations répétées de tous les chefs
du parti socialiste, en France et à l'étranger,
ne laissent aucun doute sur la nature des rela-
tions internationales quand le socialisme aura
triomphé partout : ce sera le désarmement gé-

néral; tous les peuples devenus frères, ne songeront qu'à s'entr'aider pour améliorer les conditions de leur existence, en échangeant les marchandises que chacun d'eux produira le plus facilement. Les accroissements de territoire ne servent qu'à flatter l'orgueil des despotes. Quel avantage y a-t-il pour les travailleurs à ajouter une province au sol national? Les nations de l'Europe mettront donc fin à leurs antiques rivalités et formeront les États-Unis d'Europe; chaque nation conservant son autonomie sera rattachée aux autres par un lien fédératif. Une fédération analogue se constituera en Amérique. Les deux grands groupements n'auront eux-mêmes que des rapports de paix et d'amitié.

Le socialisme seul peut maintenir la paix universelle; jamais la société actuelle n'y réussira, malgré le désir plus ou moins sincère de souverains aussi puissants que le czar. En effet, la société capitaliste a pour base la lutte de l'individu contre l'individu; il est donc forcé qu'elle aboutisse à la lutte des peuples contre les peuples. Le socialisme au contraire a pour base la solidarité des hommes, l'union de tous substituée à la lutte. Sa conséquence obligatoire est donc l'entente fraternelle entre les nations.

Mais nous devons nous préoccuper du cas où la France arriverait la première à se donner des institutions socialistes et où elle serait entourée de nations restées soumises au joug monarchique et capitaliste. Dans ce cas, le premier devoir de son gouvernement devrait être d'assurer son indépendance en maintenant son armée et sa marine à la hauteur des périls qui pourraient menacer la patrie. Or rien ne serait plus facile : vous avez compris que la main-d'œuvre serait toujours surabondante avec l'organisation collectiviste. On l'emploierait à augmenter, perfectionner les armements, construire des forts et des vaisseaux de guerre. Bref la France socialiste disposerait, pour faire face à une agression, de ressources bien supérieures à celles qu'elle possède actuellement.

D'ailleurs, cette agression ne se produira pas : si la France a l'honneur de s'affranchir la première, comme je le souhaite, elle sera suivie de très près par l'Allemagne et par d'autres nations. Au moment où le parti socialiste français arrivera au pouvoir, le parti socialiste allemand sera devenu très puissant ; si notre triomphe n'entraîne pas immédiatement le sien par répercussion, du moins sera-t-il en état de paralyser la mobilisation de l'armée. A ce moment d'ailleurs, le gouvernement allemand sera trop occupé par sa lutte contre le socialisme pour pouvoir songer à une guerre extérieure. Bien entendu, nous ne le provoquerons pas. Au contraire, la France affirmera hautement à la face du monde ses intentions pacifiques, ce qui lui vaudra la sympathie de tous les peuples, sinon de tous les gouvernements.

A présent, mes chers amis, vous êtes complètement édifiés sur l'organisation que le socialisme veut substituer à l'anarchie actuelle. Vous voyez qu'on a bien tort de nous croire des gens de désordre ; c'est la société actuelle qui se débat dans le désordre le plus affreux, et c'est nous, nous seuls, qui voulons faire régner l'ordre vrai, qui résultera de l'harmonie des intérêts et n'aura pas besoin d'être maintenu par la force des baïonnettes.

Il faut, pour terminer, que je vous donne un aperçu — oh ! bien faible — des brillantes destinées vers lesquelles le socialisme conduira l'humanité. Vous avez bien vu les progrès immédiats qu'il réalisera, mais vous ne pouvez sentir les développements merveilleux de ces progrès dans l'avenir.

Sous sa vigoureuse impulsion, la science accélérera sa marche en avant ; chaque jour sera marqué par une découverte, une invention nouvelle, qui sera immédiatement appliquée. Les machines, de plus en plus perfectionnées, réduiront le travail de l'homme à presque rien ; les choses utiles à la vie seront en surabondance, le moindre journalier vivra aussi largement que ceux qui ont aujourd'hui vingt mille francs de rente.

On ne connaîtra plus ces horribles fléaux qui déciment l'humanité : alcoolisme, tuberculose, syphilis, ni le hideux cortège des maladies contagieuses qui rivalisent avec eux de malfaisance. La race humaine sera régénérée, saine, forte. La population s'accroîtra avec une rapidité prodigieuse, et bientôt le trop plein des métropoles débordera sur les colonies, qui deviendront des pays aussi civilisés que l'Europe.

En devenant plus heureux matériellement, l'homme deviendra meilleur ; je vous ai dit que les neuf dixièmes des crimes et des délits disparaîtraient d'eux mêmes sous le régime socialiste ; ce n'est pas tout : les mauvais sentiments, comme la haine, l'envie, l'avarice, l'égoïsme, fruits de la société actuelle, cesseront peu à peu d'exister, dans une société où régneront l'abondance et la justice.

On ne verra plus dans son semblable un ennemi, mais un frère. D'autre part l'instruction sera généralisée, étendue, et les moindres élèves des écoles primaires seront plus savants que nos bacheliers. L'homme deviendra donc de plus en plus conscient de sa dignité ; au lieu de rechercher des distractions grossières, il s'initiera aux nobles jouissances de l'intelligence et de l'art.

Dans les villes aux rues larges et ombragées, bordées de magnifiques et confortables maisons, aboutissant à de vastes et somptueux jardins publics, où les établissements publics d'hydrothérapie et de gymnastique atteindront une magnificence inconnue des Romains, il existera des bibliothèques, des musées, des salles de spectacle, des sociétés musicales, bref tout ce qui contribue à embellir l'existence

Les voyages deviendront d'une extrême facilité ; les chemins de fer, les tramways gratuits rayonneront partout. De splendides hôtels recevront les voyageurs. Les restaurants, où on ne paiera la nourriture qu'au prix coûtant, seront fréquentés, même par la population sédentaire.

Que vous dirais-je ? On ne peut pas prévoir le terme de cette marche triomphale de l'humanité vers la perfection. L'imagination s'arrête épuisée. Et cependant, mes amis, ce n'est pas là du rêve : c'est de la certitude : c'est la conséquence inéluctable de l'avènement du socialisme.

Ainsi se trouvera réalisée cette parole du sage Bacon : « L'âge d'or est devant nous, non derrière. »

Ce n'est pas notre génération qui connaîtra cette heureuse vie. Mais elle connaîtra certainement les premiers bienfaits du socialisme. Tout se prépare pour hâter le moment où notre parti sera en possession du pouvoir. Vous savez combien nous gagnons de voix chaque fois qu'il y a des élections législatives. Nous en avons un million maintenant. Dans dix ou douze ans au plus nous serons en majorité. D'ici là, un comité d'études, composé des plus capables d'entre nous, aura élaboré toutes les nouvelles lois qui devront remplacer les anciennes et transformer la société. Quand nous arriverons au pouvoir, il n'y aura plus qu'à les appliquer ; tout aura été prévu d'avance. Le changement s'effectuera sans difficulté, sans désordre.

Ayez donc confiance en vos chefs : ils connaissent leur devoir et sauront le remplir. Mais de votre côté ne restez pas inactifs ; continuez à vous réunir pour discuter, comme nous l'avons fait ensemble ; lisez les journaux et les brochures et répandez-les autour de vous; amenez à vous de nouveaux adhérents ; n'oubliez pas que le premier devoir d'un socialiste c'est la propagande ; formez un groupe ; mettez-vous en correspondance avec celui du chef-lieu, car il ne faut pas rester isolés. Bref, travaillez à votre émancipation : votre avenir est entre vos mains.

Et maintenant, mes amis, avant de nous séparer, vidons un dernier verre au triomphe de la République Sociale.

Tous. — Vive la République Sociale! Comptez sur nous pour la défendre et en propager les principes!

TABLE

—

Pages

PREMIER ENTRETIEN. — *Une transformation sociale est inévitable.* Définitions : Socialisme. — Révolution sociale. — Collectivisme. — Baisse de l'intérêt des capitaux. — Effets meurtriers de la concentration capitaliste pour le petit commerce, la petite industrie, la petite culture. — Concentration finale entre les mains de la Nation, au profit de tous. 6

DEUXIÈME ENTRETIEN. — *Comment se fera l'expropriation des possédants.* — Supériorité de la production industrielle et agricole dirigée par l'Etat. — La terre aux paysans. — Suppression des impôts. — Le papier-monnaie. — Partage des produits. — Justification légale de l'expropriation. — Les possédants seront indemnisés 21

TROISIÈME ENTRETIEN. — *Forces perdues par la société capitaliste.* — Oisifs et inutiles. — Propriétaires et rentiers. — Banquiers et hommes d'affaires. — L'armée. — Le clergé. — Les fonctionnaires. — Cafetiers, hôteliers, débitants. — Petit commerce. — Police et gendarmerie. — Le socialisme assure une situation équivalente à tous ceux dont les emplois ou fonctions seront supprimés. — Chômage industriel et agricole. — Domestiques. — Population irrégulière. — 40 pour 100 de déchet social ! — Le socialisme utilisera toutes les forces productives. 35

QUATRIÈME ENTRETIEN. — *L'Agriculture.* — La société capitaliste perd 7 millions d'hectares en jachères ou terrains incultes. — En régime socialiste on pourra produire trois fois plus de blé, de viande et de vin qu'actuellement. — L'Etat donnera aux cultivateurs des lots de culture, des ustensiles agricoles, semences, engrais, etc. — Il achètera les produits agricoles à un prix fixe et rémunérateur. — Assurances gratuites contre toutes les pertes . . . .

Pages.

CINQUIÈME ENTRETIEN. — *Industrie, Commerce, Logements, Professions.* — Développement du machinisme au profit des producteurs. — Diminution des heures de travail. — Suppression des petits ateliers. — Les mines. — A chacun selon ses œuvres au-dessus du minimum de besoins. — Les grands magasins socialistes. — Les logements. — Choix du domicile et de la profession. — Limitation de la production aux besoins 66

SIXIÈME ENTRETIEN. — *L'enseignement intégral.* — Le monopole de l'enseignement appartient à l'Etat. — Enseignement primaire, secondaire et supérieur. — Enseignement pratique. — Sélection des intelligences. — Choix des carrières. — Pas de carrières fermées. — L'art, la littérature, la presse. — Avantages accordés aux inventeurs 80

SEPTIÈME ENTRETIEN. — *L'assistance aux faibles et l'hygiène publique.* — Souffrances des déshérités. — La lutte pour la vie. — La société capitaliste ne fait rien pour les malheureux. — Le socialisme supprime la pauvreté. — Veuves, orphelins, vieillards, filles-mères, malades, blessés, infirmes, chômeurs. — Indemnités pour les pertes accidentelles. — Suppression de l'alcoolisme, de la tuberculose et des maladies contagieuses. — Pureté des aliments. — Salubrité des logements et ateliers. 93

HUITIÈME ENTRETIEN. — *Questions diverses. — Conclusion.* — Diminution de la criminalité. — Plus de procès! — Utilisation des forces naturelles pour remplacer la vapeur. — Contrôle des fonctionnaires et des produits. — Désarmement universel. — Eventualité d'un conflit entre la France socialiste et les autres nations restées capitalistes. — Magnifique avenir assuré par le socialisme 110

AVIS IMPORTANT

Les personnes qui s'intéressent à l'étude du socialisme pratique sont instamment priées d'envoyer leurs noms, professions et adresses exactes, à l'auteur de ce livre, M. Lucien Deslinières, 62, rue Saint-Lazare à Paris. Elles recevront *gratuitement* le premier numéro de la *Société future*, revue bi-mensuelle qui paraîtra dans quelque temps.

La *Société future* laissera à la presse socialiste quotidienne ou hebdomadaire le soin de soutenir les luttes électorales et de discuter les questions de politique courante. Elle s'abstiendra de toutes attaques personnelles et ne prendra aucune part aux polémiques qui divisent les groupes du parti.

Elle s'attachera exclusivement à propager les principes fondamentaux du socialisme.

Elle insistera particulièrement sur la nécessité de préparer, avant la conquête du pouvoir, les institutions de la société collectiviste, et groupera toutes les bonnes volontés qui s'offriront pour collaborer à cette grande œuvre.

Ce volume a été composé et tiré par des ouvriers syndiqués.

IMPRIMERIE DE CHOISY-LE-ROI

L'Application du Système Collectiviste

Par Lucien DESLINIÈRES

pose et résout, avec tous leurs développements théoriques et pratiques, les passionnants problèmes sociaux ébauchés dans les traités collectivistes.

L'Application du système collectiviste, traité de socialisme le plus complet qui ait paru jusqu'à ce jour. Sa lecture s'impose à tous ceux qui veulent avoir sur le socialisme une idée raisonnée.

On peut se faire une idée de l'importance de cet ouvrage en parcourant le sommaire des chapitres qui est publié ci-contre sur la couverture.

L'Application du système collectiviste forme un très gros volume de plus de 500 pages grand format, et se vend 6 francs en librairie.

Ce prix est réduit exceptionnellement à 4 francs pour les acheteurs des *Entretiens socialistes*.

Envoyer un mandat-poste de 3 fr. 60 à l'auteur, 62, rue Saint-Lazare, à Paris, pour le recevoir par colis postal.

L'Application du Système Collectiviste
Par Lucien DESLINIÈRES

SOMMAIRE DES CHAPITRES

Préface de Jean JAURÈS.

Préface de l'AUTEUR.

Livre Premier. — **Définitions et buts.** — CHAPITRE PREMIER : Le Collectivisme et l'Évolution. — CHAP. II : Définitions et principes du Collectivisme.

Livre Deuxième. — **Augmentation de la production.** — CHAPITRE PREMIER : La production. — CHAP. II : Quantité du travail productif. — CHAP. III : Qualité du travail productif. — CHAP. IV : Comparaison.

Livre Troisième. — **L'Organisation collectiviste** — CHAPITRE PREMIER : Expropriation des possédants. — CHAP. II : La monnaie. — CHAP. III : La valeur des choses. — CHAP. IV : Le crédit. — CHAP. V : Les salaires. — CHAP. VI : Circulation des produits. — CHAP. VII : La banque et les comptes. — CHAP. VIII : Lois constitutionnelles. — CHAP. IX : Organisation administrative. — CHAP. X : Agriculture. — CHAP. XI : Industrie. — CHAP. XII : Commerce intérieur et extérieur. — CHAP. XIII : Transports, navigation et correspondances. — CHAP. XIV : Mines et carrières. — CHAP. XV : Forces. — CHAP. XVI : Bâtiments et voirie. — CHAP. XVII : Hygiène publique. — CHAP. XVIII : Assistance sociale. — CHAP. XIX : Colonies. — CHAP. XX : Trésorerie et comptabilité. — CHAP. XXI : Instruction publique. — CHAP. XXII : Justice. — CHAP. XXIII : Beaux-arts, littérature, presse. — CHAP. XXIV : Intérieur. — CHAP. XXV : Affaires étrangères. — CHAP. XXVI : Guerre et marine.

Livre Quatrième. — **Réponse aux critiques.** — CHAPITRE PREMIER : Le Collectivisme et la justice. — CHAP. II : Le Collectivisme et l'utilité. — CHAP. III : Le Collectivisme et la liberté individuelle. — Objections diverses faites au Collectivisme.

Livre Cinquième. — **La Transition.** — CHAPITRE PREMIER : Nécessité de la conquête du Pouvoir politique. — CHAP. II : Moyens à employer pour conquérir le Pouvoir, le conserver et aboutir. — CHAP. III : L'œuvre à accomplir après la conquête du Pouvoir.

Livre Sixième. — **Conséquences** — CHAPITRE UNIQUE : Le Collectivisme résout toutes les questions politiques, économiques et sociales — *(Voir à la page précédente)*

IMPRIMERIE DE CHOISY-LE-ROI

www.ingramcontent.com/pod-product-compliance
Ingram Content Group UK Ltd.
Pitfield, Milton Keynes, MK11 3LW, UK
UKHW021732090726
13657UKWH00002B/657